서강 한국어

서강한국어 뉴시리즈
Student's Book 2B

☆ 이 책은 2002년에 출판한 서강한국어 2B를 수정 보완한 것입니다.
This book has been developed from Sogang Korean Student's Book 2B, first published in 2002.

저작권

© 2012 서강대학교 한국어교육원

이 책의 저작권은 서강대학교 한국어교육원에 있습니다. 서면에 의한 저자의 허락 없이 내용의 일부를 인용하거나 발췌하는 것을 금합니다.

Copyright © 2012

Korean Language Education Center, Sogang University. All rights reserved.
No part of this publication may be reproduced, stored in a retrieval system or transmitted in any form or by any means, electronic, mechanical, including photocopying, recording without the prior written permission of the copyright owner.

출판사

1판 6쇄	2012년 6월 15일
펴낸곳	서강대학교 국제문화교육원 출판부
펴낸이	이종욱
등록번호	313-2006-00028
출판사 주소	서울시 마포구 백범로 35 (신수동)
Tel	(82-2) 705-8088~9
Fax	(82-2) 701-6692, 713-8963
e-mail	ckss@sogang.ac.kr

homepage http://klec.sogang.ac.kr   http://koreanimmersion.org

판매·유통

판매·유통	(주)도서출판 하우
등록번호	제306-2004-22호
주소	서울시 중랑구 망우로 68길 48
Tel	(82-2) 922-7090, 922-7728 Fax (82-2) 922-7092
homepage	http://hawoo.co.kr

세트

ISBN	978-89-92491-32-7 18710	서강한국어 뉴시리즈 학생책 2B	
	978-89-92491-33-4 18710	서강한국어 뉴시리즈 학생책 2B	영어 문법·단어 참고서 (비매품)
	978-89-92491-53-2 18710	서강한국어 뉴시리즈 학생책 2B	중국어 문법·단어 참고서
	978-89-92491-55-6 18710	서강한국어 뉴시리즈 학생책 2B	일본어 문법·단어 참고서
	978-89-92491-34-1 18710	서강한국어 뉴시리즈 학생책 2B CD (비매품)	
ISBN	978-89-92491-36-5 18710	서강한국어 뉴시리즈 워크북 2B	
	978-89-92491-37-2 18710	서강한국어 뉴시리즈 워크북 2B CD (비매품)	

서강한국어 교사 사이트

http://koreanteacher.org

시리즈 기획

김성희

연구개발진

서강한국어 2B (2002 초판)
최정순	배재대학교 외국어로서의 한국어학 교수	서강대학교 국어학 박사
김성희	서강대학교 한국어교육원 교학부장	서강대학교 불어학 박사수료
김은정	서강대학교 한국어교육원 전 연구원	서강대학교 영문학 석사
오승은	서강대학교 한국어교육원 연구원	서강대학교 국어학 박사수료

서강한국어 뉴시리즈 2B (2008 초판)
김성희	서강대학교 한국어교육원 교학부장	서강대학교 불어학 박사수료
이정화	서강대학교 한국어교육원 연구원	이화여자대학교 한국어교육학 석사
정예랜	서강대학교 한국어교육원 연구원	연세대학교 한국어교육학 석사

영문 번역

주유경	서강대학교 한국어교육원 전 연구원	영국 University of Edinburgh 응용언어학 석사
Duane Henning	연세대학교 교양영어 전임강사	호주 Macquarie University 응용언어학 석사
Dominic Hanlon	전 인천대학교 교양영어 전임강사	호주 Macquarie University 물리학 학사

영문 감수

허구생	서강대학교 국제문화교육원 원장	미국 University of Minnesota 역사학 박사
Yoo Isaiah WonHo	서강대학교 영미어문학 교수	미국 UCLA 응용언어학 박사

제작진

편집 디자인	디자인탱크
일러스트	김소연(디렉터), 장선미, 최익견, 민지영, 정선경
사진	스튜디오 루
표지디자인	디자인씨드
CD 녹음 편집	Playback

도와주신 분

사진 모델	서강대학교 한국어교육원 교수진, 가족, 친구, 학생
연구 지원	오경숙, 최연재, 임현성 연구원
CD 음악	봄 여름 가을 겨울
행정	서강대학교 기획처 예산팀, 사무처 구매팀, 국제문화교육원 행정실 총무팀

조장옥 전 원장님, 허구생 원장님 비전과 용기에 감사드립니다

일러두기
Culture - Context - Communication

서강한국어 프로그램

서강대학교 한국어교육원은 1990년에 개원하였으며, 1992년부터 의사소통 교수법을 한국어 수업에 적용하여 말하기 중심 한국어 교육과정을 개발하였습니다.

학습 내용이 학생과 관련된 것이고 그 맥락 안에서 제시되기에 학습이 쉽고 재미있습니다. 학생들은 첫날 첫 시간부터 한국어로 대화하고 한국어로 생각하면서 학습의 즐거움, 성취감을 경험합니다. 따라서 학생들은 실제성 있는 내용을 체계적으로 배우면서 한국 사회에서 자유롭게 생활할 수 있는 실력을 단기간에 갖추게 됩니다. 언어와 문화를 함께 배우는 수업은 늘 흥미롭습니다.

Sogang Korean Language Program

Sogang Korean Language Education Center (henceforth Sogang KLEC) was founded in 1990 and has developed a Korean Language Education Curriculum that focuses on speaking by applying a communicative approach to classroom setting since 1992.

From the first day of class students at Sogang KLEC experience a sense of achievement by learning how to communicate and think in Korean. Materials are presented in context, and the topics covered are relevant to students' life. Through a practical curriculum, students can systematically develop communicative competence in a short period of time by engaging in real-life activities. They participate in classroom activities and help each other to meet their educational goals.

서강한국어 New 시리즈 교재

2000년에 서강한국어 초판이 나온 후 많은 사랑을 받았습니다. 이번에 새롭게 출간되는 뉴시리즈는 그동안 서강한국어를 아껴 주신 여러분들의 조언을 받아들여 수정 보완한 개정판입니다.
새로 문법 교재를 추가하였고, 현재 사회 문화에 맞지 않는 내용을 교체하였습니다.
또한 학습 내용을 효과적으로 전달할 수 있도록 그림과 사진, 디자인을 최신화했습니다.

그 외에도 서강한국어 과정에서 사용하는 다양한 부교재, 평가지, 교수 전략을 여러 한국어 선생님들과 공유하기 위하여 교재 세트 및 시리즈 제작을 계속할 것이며 인터넷 네트워크를 구축할 계획도 갖고 있습니다.

Sogang Korean New Series Textbooks

The first version of Sogang Korean series was printed in 2000. The new series has been revised based on suggestions made by professional Korean language teachers.
The new series textbooks have been enriched with new photos, illustrations and a new design to convey information more effectively. A new grammar portion has been added, and the contents have been updated to better fit the trends in today's Korean society and to emphasize cultural aspects.
KLEC will continue to publish components and series and plans to establish an internet network in order to share the teaching strategies and various materials with Korean language teachers all around the world.

서강한국어 교재 학생책

서강한국어 교재는 다년간의 연구개발을 거쳐 개발한 서강한국어 프로그램의 교수 내용과 방법을 반영한 교재입니다.
문법, 대화, 과제, 읽기, 듣기, 쓰기, 어휘, 발음, 억양, 문화 학습 자료를 수록하고 있습니다. 교재에 수업 구조를 반영하였기에 수업 단계 및 교수 학습 방법을 쉽게 이해할 수 있습니다.
단원 표지에 학습목표를 제시하여 학습목표를 명확히 알 수 있도록 했고, 단원 끝에 단원 정리를 제시하여 학생 스스로 학습 내용을 확인할 수 있도록 했습니다.

Sogang Korean Student's Book

The Sogang Korean Textbooks were written with a teaching philosophy that was developed over an extensive period of time in Sogang KLEC.
The textbooks are easy to comprehend and beneficial to teachers as well as learners because they reflect the class structure.
The textbooks include Grammar, Dialogue, Task, Reading, Listening, Writing, Vocabulary, Pronunciation, Intonation, and Culture.
The objectives of each unit are listed at the beginning and at the end to emphasize the goal of each unit.

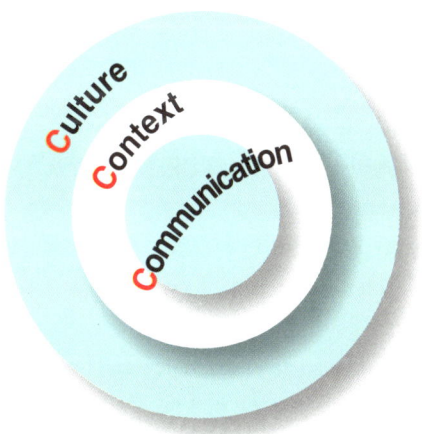

서강한국어 2B 대상과 학습 시간

서강한국어 1A와 1B, 2A를 학습한 학생 또는 225~300시간 정도의 한국어 수업을 마친 학생을 위한 교재입니다. 서강한국어 2B는 각 단원 6~8시간, 전체 75~100시간 정도의 수업이 가능하도록 구성하였습니다. .

Learning hours for 2B

2B is for Korean language students who have learned <Sogang Korean 1A, 1B and 2A> or 225-300 hours of Korean. Each lesson covers 6 to 8 hours of learning and total of 75-100 hours are covered in 2B.

2B 구성

학생책	교실 수업용 교재입니다. 전체 9과이고, 각 과는 '단원 표지, 문법, 대화, 과제(Task), 읽고 말하기, 듣고 말하기, 단원 정리' 순서로 구성되어 있습니다. 문화, 어휘, 발음·억양, 쓰기 학습 자료도 수록하고 있습니다.

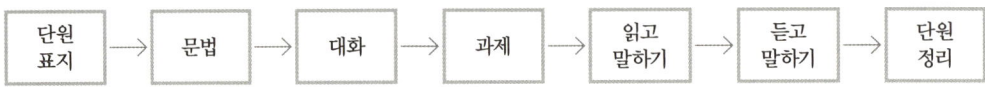

학생책 CD	말하기 대화, 듣기 대화, 발음·억양 연습, 띄어 말하기 연습, 정확히 듣기 연습, 읽기 본문 녹음 자료를 수록하고 있습니다.
문법 단어 참고서	학생이 수업을 예습하거나 복습할 때 참고하는 책입니다. 문법 설명, 새 단어·표현 번역과 인덱스를 담고 있습니다.
워크북	수업 내용을 집에서 복습할 때 이용하는 연습책입니다. 개인 학습 시간이 지루하지 않도록 매 단원 끝에 **한국 문화 소개** 또는 **게임** 자료를 수록하였습니다.
워크북 CD	듣고 따라하기, 받아쓰기 연습용 녹음 자료를 담고 있습니다.

2B Components

Student's Book	It is designed to be used in the classroom. 2B consists of 9 lessons. Each lesson includes **Introduction, Grammar, Dialogue, Task, Reading & Speaking, Listening & Speaking, and Summary of the Lesson.**
Student's Book CD	**Speaking, Listening, Reading, Pronunciation** and **Intonation Exercises** have been recorded on the CD.
Grammar and Vocabulary Supplementary book	This booklet is helpful for students to preview and review lesson by themselves. It includes **grammar explanations, new vocabulary** and **an index.**
Workbook	Students use this book to review lesson at home. There are **Games** or **Culture Capsules** at the end of each unit.
Workbook CD	Practice materials for **Listening & Repeating,** and **Dictation** can be found on the Workbook CD.

목차
Contents

일러두기	4
내용 구성표	8
단원 구성	10
교재 인물 소개	14

1과	앤디 씨 옆에 있는 분 아세요?	16
2과	어제 늦게까지 공부한 것 같아요	36
3과	주말이니까 나가자	52
4과	큰형은 조용한데 저는 안 그래요	72
5과	아무리 바빠도 운동을 해야 해요	90
6과	스페인에 가 본 적이 있으세요?	108
7과	축하합니다. 기쁘시겠어요	124
8과	면접 잘 하셨습니까?	142
9과	처음에 한국에 왔을 때 어떠셨어요?	158

듣기 대본 (한국어)	177
듣기 대본 (영어)	182
CD 트랙목차	186

학생책 2B 포함 세트

녹음 CD    문법·단어 참고서

Table of Contents 내용 구성표

과	제목	말하기		
		문법	대화	과제
1	앤디 씨 옆에 있는 분 아세요?	1. (동사) - 는 　(동사) - 은 2. 입었어요/신었어요/썼어요 　p18	행동 묘사하기 복장 묘사하기 소개하기 　p21	유명한 사람을 소개해 보세요 　p27
2	어제 늦게까지 공부한 것 같아요	1.(형용사) - 은 것 같다 　(동사)　- 는 것 같다 　(동사)　- 은 것 같다 　p38	추측하기 　p41	생각을 이야기해 보세요 　p45
3	주말이니까 나가자	1. - 을 것 같다 2. 간접화법 ③ - 자고 하다 3. 반말 　p54	제안하기 약속하기 권유하기 　p58	친구와 반말로 계획을 세워 보세요 　p61
4	큰형은 조용한데 저는 안 그래요	1. (형용사)　- 은데 ① 　(동사)　- 는데 ① 2. 나이 　p74	가족에 대해서 말하기 성격 비교하기 옛날과 지금 비교하기 　p77	가족 사진을 소개해 보세요 　p81
5	아무리 바빠도 운동을 해야 해요	1. - 아/어지다 2. - 아/어도 3. 간접화법 ④ - 으라고 하다 　p92	조언하기 변명하기 도움 요청하기 조언하기 　p95	친구의 문제를 듣고 조언해 보세요 　p98
6	스페인에 가 본 적이 있으세요?	1. - 은 적이 있다 2. - 도 …… - 도 　p110	여행지 추천하기 여행 경험 말하기 　p112	특별한 경험을 발표해 보세요 　p115
7	축하합니다. 기쁘시겠어요?	1.(형용사)　- 은지 알다 　(동사)　- 는지 알다 2. - 겠 - 　p126	정보 물어보기 축하하기 걱정 표현하기 　p128	퀴즈 게임을 해 보세요 　p131
8	면접 잘 하셨습니까?	1. 격식체　　- 습니다 2. 격식체 존댓말 - 으십니다 3. 간접화법 ⑤　- 냐고 하다 　p144	개인 정보 말하기 면접 정보 말하기 생각 말하기 　p147	면접을 해 보세요 　p150
9	처음 한국에 왔을 때 어떠셨어요?	1. - 았/었을 때 2. - 게 되다 ① 3. - 기로 했어요 ② 　p160	한국 생활 경험 말하기 격려하기 오랜만에 만난 사람과 인사하기 　p164	'내 인생'에 대해서 이야기해 보세요 　p167

읽고 말하기		단어 · 표현 정리	
춘천에 갔다 왔어요 p28 ● 춘천에 대해서 더 알아보세요	여기 한스 씨 가방을 가져왔어요 p32 ● 역할극을 하세요	서 있다, 앉아 있다, 웃다, 스웨터, 셔츠, 서류, 물건을 잃어버리다, 똑같이 생기다	p35
남자가 화가 난 것 같아요 p46 ● 그림을 보고 이야기를 만드세요	왜 이렇게 길이 막힐까요? p49 ● 짧은 이야기를 만들어 보세요	싸우다, 울다, 슬프다, 이상하다, 느낌, 생각, 고민이 있다, 시험을 못 보다, 화를 내다	p51
운이 없어! p62 ● 안 좋은 경험을 이야기해 보세요	소라한테는 비밀로 하자 p68 ● 파티 계획을 세워 보세요	계산하다, 데려오다, 지나가다, 공연, 비밀, 더럽다, 비슷하다, 운이 없다, 시험을 보다, 자리가 없다	p71
옛날 이야기 〈콩쥐팥쥐〉 p82 ● 연극을 준비하세요	딸 부잣집이에요 p86 ● 여러분 친척을 소개해 보세요	불평하다, 닮다, 착하다, 고모, 딸, 외삼촌, 이모, 작은아버지, 큰누나, 큰형, 연세가 어떻게 되세요?	p89
어떻게 하면 좋을까요? p99 ● 친구 문제를 상담해 주세요	건강을 지키는 방법을 알아보겠습니다 p104 ● 건강을 지키는 방법에 대해서 알아보세요	다치다, 멀미하다, 조심하다, 기침이 나다, 다 낫다, 목이 붓다, 잠이 오다, 피로가 풀리다	p107
이런 여행을 자주 하고 싶어요 p116 ● 여행을 주제로 이야기해 보세요	좋은 곳 좀 추천해 주세요 p120 ● 역할극을 하세요	고생하다, 들르다, 신기하다, 바닷가, 섬, 여권, 역사, 전통 문화, 도둑맞다, 말이 통하다, 물가가 싸다	p123
무엇이든지 물어보세요 p132 ● 여러분 나라 문화를 소개하세요	돌잔치 때 뭐 집었어요? p138 ● 여러분 나라의 잔치를 소개하세요	놓다, 뜻하다, 축하하다, 취직하다, 편찮으시다, 아기, 장난감, 꿈을 꾸다, 돈을 벌다, 월급이 오르다	p141
할아버지가 보고 싶습니다 p151 ● 추억을 이야기해 보세요	자기소개를 해 보십시오 p155 ● 면접을 해 보세요	사랑하다, 이해하다, 퇴근하다, 염색하다, 경험, 고등학교, 자기소개, 젊은 사람, 우산을 들다	p157
통역사가 되기로 결심했습니다 p168 ● 힘들었을 때를 이야기해 보세요	친구들하고 헤어져서 섭섭해요 p172 ● 역할극을 하세요	돌아가다, 알아듣다, 헤어지다, 시험에 떨어지다, 유학을 가다, 자신이 없다, 안부 좀 전해 주세요	p175

단원 구성

〈단원 표지〉

〈표지 그림〉
단원 내용을 이미지로 보여 줍니다.

〈학습 목표〉
단원 학습 목표와 내용을 알려줍니다.

문법

〈문법 제시〉
그림으로 맥락을,
대화로 의미를 보여 줍니다.

〈문법 연습〉
문법 형태를 익히는 연습입니다.

〈문법 액티비티〉
문법 습득을 도와줍니다.

〈액티비티 예시 대화〉

〈액티비티 예시 자료〉

대화

〈대화 도입 질문〉
대화 장면으로 유도합니다.
대화 맥락을 형성시켜
주는 질문입니다.

〈대화 그림〉
주인공들이 언제, 어디에서,
어떤 느낌으로 대화하는지를
보여 줍니다. 또한 장소, 관계에
적합한 화법, 문화 학습을
도와줍니다.

〈대화문〉
그림 대화 장면에서 쓸 수 있는
예시 대화입니다. 예시 대화는
목표 문법을 어떻게 대화
구조에서 자연스럽게 사용할 수
있는지 보여 줍니다.

〈CD 트랙 번호〉
대화문 녹음이 들어 있는
CD 트랙을 알려줍니다.

〈고유 명사〉
교재 전체에서 고유 명사는
서체가 다릅니다.
(제목 등 고유 명사 표시가
어려운 경우 제외).
고유 명사 표시가 있으면
사전에서 찾지 마세요!

〈발음〉
발음이 틀리기 쉬운 단어
예시입니다.
발음에 주의하게 합니다.

〈대화 cue〉
대화 연습을 도와줍니다.
유사 대화를 만들 때
유용합니다.

〈그림 cue〉
cue를 그림 또는 사진으로
제공하기도 합니다.

과제

〈예시 자료〉

〈예시 대화〉

〈수업 방법〉
과제 수업 구조와
각 단계 내용을
알려 줍니다.

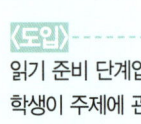
읽고 말하기

〈도입〉
읽기 준비 단계입니다.
학생이 주제에 관심을 갖고
집중하게 합니다.

〈제시〉
본문 이해에 필요한
배경 지식과 주요 어휘를
준비시킵니다.

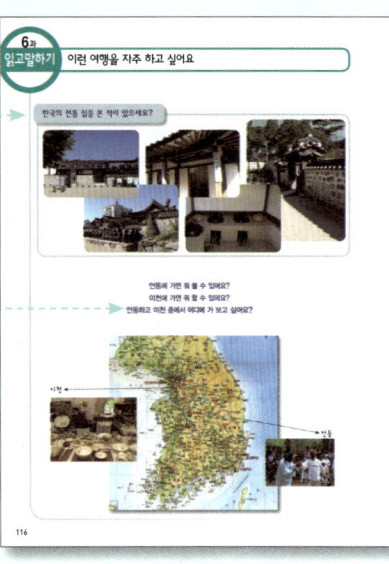

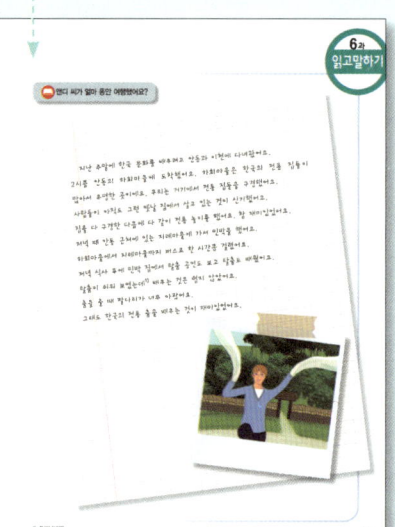

〈읽기 초점〉
구체적인 읽기 과제(Task)입니다.
본문에서 무엇을 이해해야
하는지 미리 제시합니다.
목적을 갖고 읽으므로
읽기가 쉬워집니다.

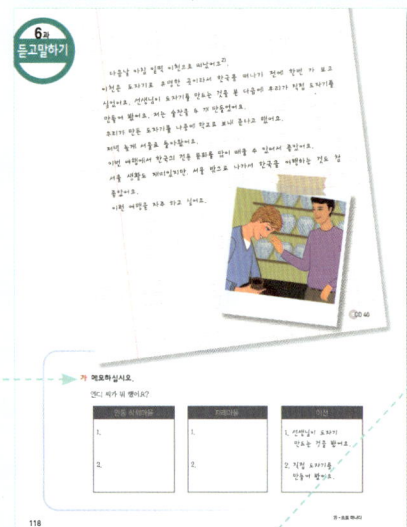

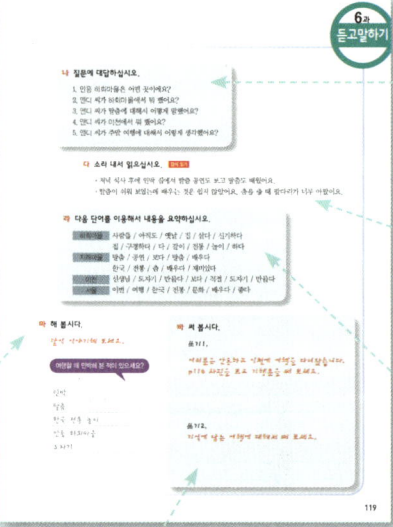

〈이해 확인〉
이해한 내용을 말해 보는
연습입니다.

〈낭독〉
정확한 발음으로 읽기,
자연스럽게 끊어 읽기,
적당한 속도로 낭독하기
연습입니다.

〈이야기 재구성〉
주어진 단서를 이용해서
이야기를 재구성하는
연습입니다.
전체 내용을 이용해서
긴 이야기를 조리 있게
말하는 연습을 합니다.

〈중간 단계〉
읽기 이해를 도와줍니다.

〈활용〉
본문 내용과 관련된 액티비티입니다.
생각이나 경험 나누기, 역할극, 게임,
창작 등 다양한 활동을 합니다.

〈쓰기〉
본문 내용 또는 활용 단계
액티비티를 이용한 글쓰기입니다.
읽기 본문을 예시문으로
이용합니다.
쓰기 수업 자료로 이용하면
좋습니다.

듣고 말하기

〈도입〉
듣기 준비 단계입니다.
주제에 관심을 갖고
집중하게 합니다.

〈제시〉
듣기 이해에 필요한
배경 지식과 주요 어휘를
준비시킵니다.

〈중간 단계〉
듣기 이해를 도와줍니다.

〈듣기 초점〉
구체적인 듣기
과제(Task)입니다.
CD를 듣고 무엇을
이해해야 하는지 미리
알려줍니다.
목적을 갖고 들으므로
듣기가 쉬워집니다.

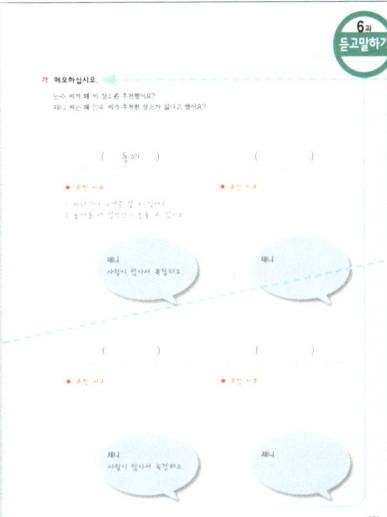

〈이해 확인〉
이해한 내용을 말해 보는
연습입니다.

〈정확히 듣기〉

〈발음·억양〉
발음, 억양, 자연스럽게
끊어 말하기 연습을
도와줍니다.

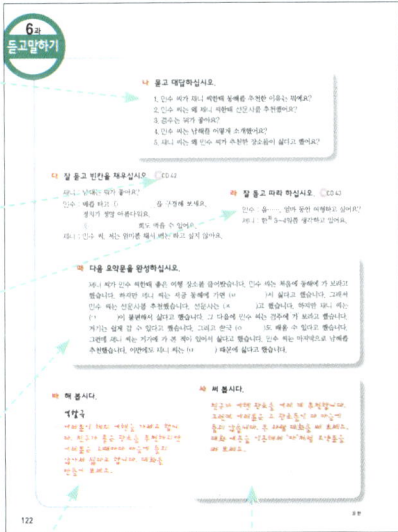

〈이야기 재구성〉
요약문을 이용해서
이야기를 재구성하는
연습입니다.
전체 내용을 이용해서
긴 이야기를
조리 있게 말하는
연습을 합니다.

〈활용〉
듣기 내용을 활용하는
액티비티입니다.
생각이나 경험 나누기,
역할극, 게임, 창작 등
다양한 활동을 합니다.

〈쓰기〉
듣기 내용 또는 활용
단계 액티비티를
이용한 글쓰기입니다.
쓰기 수업 자료로
이용하면 좋습니다.

단원 정리

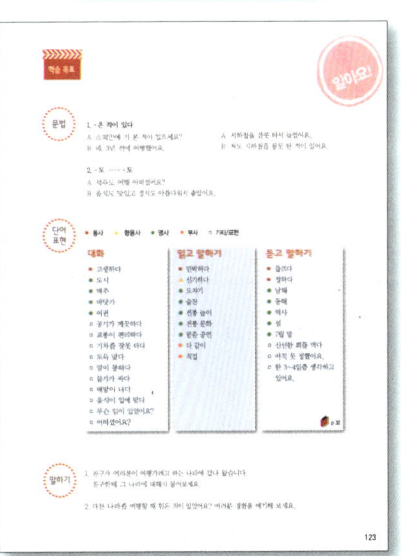

〈학습 확인〉
이번 단원에서 학습한 내용을 정리합니다.
별책 〈문법·단어 참고서〉에 단어·표현의
번역이 수록되어 있습니다.
주어진 맥락에서의 의미를 확인할 수 있습니다.

1

앤디 씨 옆에 있는 분 아세요?

학습 목표

말하기
- 문법 p 18　(동사) -는
　　　　　　(동사) -은
　　　　　　입었어요 / 신었어요 / 썼어요

- 대화 p 21　행동 묘사하기
　　　　　　복장 묘사하기
　　　　　　소개하기

- 과제 p 27　유명한 사람을 소개해 보세요

읽고 말하기
- p 28　춘천에 갔다 왔어요

듣고 말하기
- p 32　여기 한스 씨 가방을 가져왔어요

1과 말하기 문법1

(동사) -는

누가 히로미 씨예요?

책을 읽는 사람이 히로미 씨예요.

대답해 보세요.

① A 누가 제임스 씨예요?
　 B <u>우유를 마시는</u> 사람이 제임스 씨예요.

② A 누가 히로미 씨예요?
　 B <u>책을 읽는</u> 사람이 히로미 씨예요.

③ A 누가 타쿠야 씨예요?
　 B <u>전화를 하는 사람이 타쿠야 씨예요</u>.

④ A 누가 투안 씨예요?
　 B <u>사과를 먹는 사람이 투안 씨예요</u>.

⑤ A 누가 렌핑 씨예요?
　 B <u>자는 사람이 렌핑 씨예요</u>.

카드를 이용해서 이야기해 보세요.

A 좋아하는 음식이 뭐예요?
B 비빔밥이에요. _____ 씨는요?
A 제가 좋아하는 음식은 불고기예요.

✓ 좋아하다/음식
자주 가다/식당
좋아하다/색
자주 만나다/친구
요즘 보다/텔레비전 프로그램

말하기 1과 문법2

(동사) -은

대답해 보세요.

A 지난주에 본 한국 영화가 어땠어요?
　　　　　봤어요
B 재미있었어요.

A 어제 결석한 사람이 누구예요?
　　　결석했어요
B 수잔 씨예요.

A 어제 먹은 한국 음식이 맛있었어요?
　　　먹었어요
B 맛있었어요.

A 지난주에 읽은 책이 뭐예요?
　　　　　읽었어요
B 한국 역사 책이에요.

A 창문을 연 사람이 누구예요?
　　　　⭐ 열었어요
B 리엔 씨예요.

카드를 이용해서 이야기해 보세요.

한스 씨, 요즘 본 영화가 뭐예요?

〈태극기〉예요.

재미있었어요?

✓ 요즘 본 영화
　요즘 읽은 책
　여행 가 본 나라
　요즘 가 본 식당
　생일에 받은 선물

1과 말하기 문법3

입었어요/신었어요/썼어요

  p 7

위 그림을 이용해서 문장을 완성해 보세요.

① 수잔 씨가 모자를 __썼어요__.

② 갈색 바지를 __입은__ __사람이 미나 씨예요__.

③ 운동화를 __신은__ __사람이 수잔 씨예요__.

④ 선글라스를 __쓴__ 사람이 수잔 씨예요.

⑤ 스카프를 __한__ __사람이 수잔 씨예요__.

⑥ 그리고 까만색 장갑도 __수잔 씨 꼈어요__.

⑦ 목걸이를 __한__ 사람이 미나 씨예요.

⑧ 귀걸이를 __한__ 사람이 미나 씨예요.

⑨ 구두를 __신은__ 사람이 미나 씨예요.

카드를 이용해서 이야기해 보세요.

A 우리 반에서 오늘 청바지를 입은 사람이 누구예요?
B _____ 씨요. _____ 씨가 오늘 청바지를 입었어요.

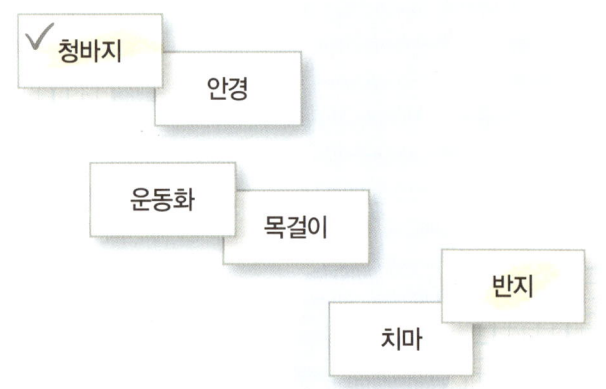

말하기

1과 대화1

행동 묘사하기

이름을 모르지만 여러 번[1] 본 사람이 있습니다. 그 사람 이름을 물어보고 싶을 때 어떻게 말합니까?

이리나   저기 제임스 씨 옆에 있는 분 아세요?
히로미   누구요?
이리나   저기 음악을 듣는 분이요.
히로미   아, 파울로 씨예요. 왜요?
이리나   도서관에서 저분을 자주 봐서요.

있는 [인는]

다음을 이용해서 대화를 만들어 보세요

음악을 듣다
책을 읽다
과자를 먹다
전화를 하다
커피를 마시다

1) 번

1과 말하기
대화1

복장 묘사하기

1과 말하기 대화2

여러분이 친구를 찾고 있습니다.[2] 그런데 상대방이 그 친구를 몰라서 설명해야 합니다. 어떻게 말합니까?

리엔 혹시 파울로 씨 못 봤어요?
한스 파울로 씨가 누구예요?
리엔 옆 반 학생이에요. 오늘 빨간색 스웨터 입었어요.
한스 아, 조금 전에 빨간색 스웨터 입은 분을 봤어요.
리엔 어디에서 봤어요?
한스 자판기 앞에서 봤어요.

빨간색 스웨터	입다
파란색 모자	쓰다
갈색 부츠	신다
주황색 스카프	하다

2) -습니다

1과 말하기
대화2

파울로

렌핑

이리나

완

말하기

1과 대화3 소개하기

🎧 4

어떤 사람을 소개받고 싶습니다. 어떻게 말합니까?

저기 수잔 씨하고 얘기하는 분이 누구세요?

완: 저기 수잔 씨하고 얘기하는 분이 누구세요?
한스: 모자 쓴 분이요?
완: 네.
한스: 파울로 씨예요. 멕시코에서 온 분이에요. 제가 소개해 드릴게요.

모자를 썼다	멕시코에서 왔다
조끼를 입었다	같은 학교에 다니다
운동화를 신었다	우리 회사에서 일하다
미나 씨 옆에 서 있다	옆 방에 살다
혼자 앉아 있다	미나 씨하고 알다

1과 말하기
대화3

1과 읽고말하기: 춘천에 갔다 왔어요

춘천을 아세요? 춘천은 뭐가 유명해요?

수잔 씨가 춘천 마임 축제에 갔다 왔습니다. 누구하고 같이 갔어요?

마임
인형극
닭갈비

 수잔 씨가 춘천에 가서 뭐 했어요?

보고 싶은 부모님께

안녕하세요? 잘 지내고 계시지요? 저도 한국 생활을 잘 하고 있어요.
지난 주말에는 학교 친구들하고 춘천 마임 축제에 갔다 왔어요.
춘천은 강원도에 있는 도시예요. 서울에서 기차로 두 시간쯤 걸려요.
춘천 마임 축제에서는 여러 나라에서 온 마임 공연 팀들이 공원과 길
5 여기저기에서 공연을 했어요. 여러 나라의 공연을 볼 수 있어서 좋았어요.
토요일 오후에는 인형극 공연을 봤어요.
우리 학교에서 한국어를 공부하는 일본 학생들이 공연을 했어요.
일본 학생들이 공연을 잘해서 재미있었어요.
일요일 아침에는 호수에 가서 친구들과 사진을 찍었어요.
10 그 중에서 한 장을 같이 보내 드릴게요. 사진에서 모자를 쓴 사람은 앤디 씨예요.
같은 학교에서 공부하는 친구예요. 제 옆에서 웃고 있는 사람은 완 씨예요.
저하고 제일 친한 친구예요. 춘천을 떠나기 전에 시내에 가서 닭갈비를 먹었어요.
춘천 닭갈비가 서울에서 먹은 것보다 훨씬 맛있었어요.
서울로 돌아오는 기차에서 모두 피곤해서 잤어요.
15 피곤했지만 재미있게[3] 주말을 보내서 기분이 좋았어요.
다음에 또 편지 쓸게요.
그럼, 안녕히 계세요.

20ㅁㅁ년 5월 ㅁ일
서울에서 수잔 올림

CD 5

[3] -게

1과 읽고말하기

가 맞으면 ○, 틀리면 × 하십시오.

1. 춘천에 있는 극장에서 마임 공연을 봤어요. (×)
2. 같이 한국어를 공부하는 일본 학생들과 인형극 공연을 봤어요. (✓)
3. 수잔 씨는 기차에서 친구들하고 찍은 사진을 부모님께 보냈어요. (×)
4. 서울로 돌아오는 기차 안에서 친구들하고 여러 가지 이야기를 했어요. (×)
5. 수잔 씨와 친구들은 피곤했지만 재미있게 주말을 보냈어요. (✓)

나 묻고 대답하십시오.

1. 춘천은 어떤 곳이에요?   춘천은 강원도에 있는 도시예요.
2. 수잔 씨는 마임 축제에서 어떤 공연들을 봤어요?   인형극 공연을 봤어요.
3. 오후에 본 인형극 공연에 대해서 이야기해 보세요.
4. 수잔 씨가 부모님께 보낸 사진을 설명해 보세요.
5. 수잔 씨는 춘천 닭갈비가 어떻다고 했어요?

다 소리 내서⁴⁾ 읽으십시오. 끊어 읽기

• 춘천 닭갈비가 서울에서 먹은 것보다 훨씬 맛있었어요.

라 그림을 보고 얘기해 보십시오.

4) -아/어서

마 해 봅시다.

춘천 시 홈페이지에 들어가 보세요. 춘천에서 가 보고 싶은 곳을 이야기해 보세요.
http://tour.chuncheon.go.kr

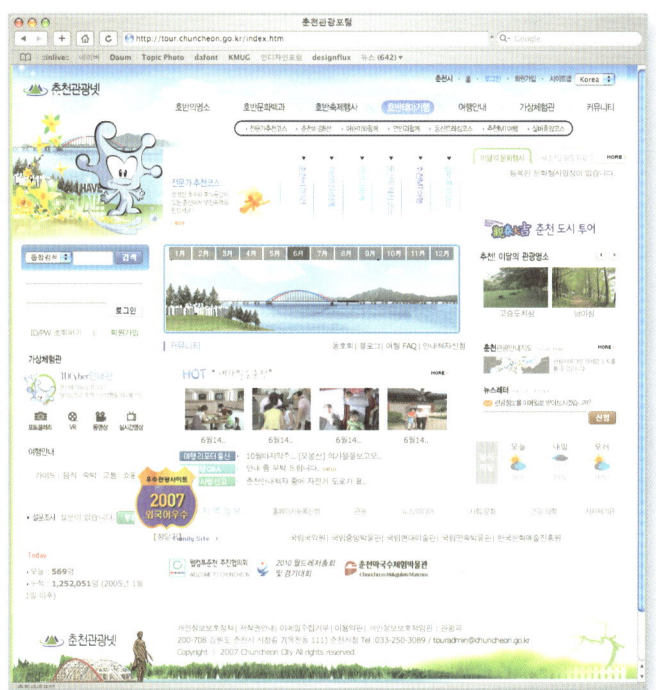

이자와 씨, 다에꼬 씨 이분들이
춘천 마임 축제에서 인형극 공연을 했어요.

바 써 봅시다.

여러분이 춘천에 여행 갔다 왔습니다.
춘천 여행에 대해서 편지를 써 보세요.

1과 듣고말하기

여기 한스 씨 가방을 가져왔어요

물건을 잃어버린 경험이 있으세요? 어디에서 물건을 잃어버렸어요?

여기가 어디일까요? 한스 씨가 왜 민수 씨 가방을 가져가요?

🎧 민수 씨가 한스 씨를 만나려고 한국어 교실에 갔어요. 민수 씨는 왜 한스 씨를 만나려고 해요?　CD6

가 알맞은 답을 찾으십시오.

1. 민수 씨는 왜 한스 씨하고 통화할 수 없어요?
   - ㉮ 한스 씨 핸드폰이 고장났어요.
   - ㉯ 민수 씨가 한스 씨 전화번호를 몰라요.
   - ㉰ 한스 씨 핸드폰이 한스 씨 가방 안에 있어요.

2. 민수 씨는 한스 씨를 찾으러 먼저 어디로 갈까요?
   - ㉮ 컴퓨터실
   - ㉯ 식당
   - ㉰ 한스 씨 사무실

3. 한스 씨가 어떤 옷을 입었어요?

나 묻고 대답하십시오.

1. 민수 씨가 왜 한스 씨를 만나려고 했어요?
2. 왜 한스 씨한테 핸드폰으로 연락할 수 없었어요?
3. 민수 씨가 오늘 가방을 찾아야 하는 이유가 뭐예요?
4. 오늘 한스 씨는 어떤 옷을 입었어요?
5. 민수 씨가 한스 씨를 찾으려면 어떻게 해야 해요?

다 잘 듣고 빈칸을 채우십시오. CD 7

민수 : 한스 씨가 오늘 어떤 옷을 ① _____?
제니 : 음, 하늘색 체크무늬 셔츠하고 회색 바지를 ② _____.
     한스 씨는 키가 크고 머리가 짧아요.
민수 : 그분이 미국에서 ③ _____ 분이세요?
제니 : 아니요, 독일 사람이에요.

라 잘 듣고 따라하십시오. 발음 CD 8

- 그 가방 안에 중요한 서류가 있어요.
- 식당에서 못 만나면 어떻게 하지요?

마 다음 요약문을 완성하십시오.

민수 씨가 한스 씨를 찾으러 교실에 왔습니다. 왜냐하면 민수 씨 가방이 한스 씨 가방하고 (ㅂ   ). 그런데 한스 씨는 교실에 없었습니다. 민수 씨는 가방 안에 (ㅈ   ) 서류가 있어서 오늘 가방을 꼭 찾아야 합니다. 하지만 한스 씨한테 핸드폰으로 (ㅇ   ) 수 없었습니다. 그래서 민수 씨는 한스 씨를 찾으러 식당으로 가야 했습니다. 한스 씨는 하늘색 체크무늬 셔츠와 회색 바지를 (ㅇ   ) 사람입니다. 키가 크고 머리가 (ㅉ   ) 독일 사람입니다.

바 해 봅시다.

역할극
다음 표현을 이용해서
민수 씨와 제니 씨 대화를 해 보세요.

- -이/가 바뀌었어요
- -이/가 -하고 똑같이 생겼어요

사 써 봅시다.

오늘 민수 씨한테 무슨 일이 있었어요?
민수 씨 이야기를 써 보세요.

민수 씨는 인터넷을 하러 컴퓨터실에 갔어요.

 **학습 목표**

문법

1. (동사) -는
   A 앤디 씨하고 얘기하는 분이 누구세요?
   B 이 선생님이세요.

   (동사) -은
   A 아까 인사한 사람이 누구예요?
   B 하숙집 친구예요.

2. 입었어요/ 신었어요/ 썼어요
   A 오늘 제니 씨가 무슨 옷을 입었어요?
   B 하늘색 티셔츠를 입었어요.

단어 표현

■ 동사   ▲ 형용사   ● 명사   ◆ 부사   □ 기타/표현

대화
- ■ 서 있다
- ■ 앉아 있다
- ● 과자
- ● 부츠
- ● 스웨터
- ● 운동화
- ● 자판기
- ● 조끼

읽고 말하기
- ■ 웃다
- ● 닭갈비
- ● 시내
- ● 인형극
- ● 팀
- ◆ 또
- ◆ 훨씬
- □ 그 중에서

듣고 말하기
- ■ 가져가다
- ■ 가져오다
- ■ 연락하다
- ● 서류
- ● 셔츠
- ● 체크무늬
- □ 실례지만
- □ 어!
- □ 음
- □ 가방이 바뀌었어요.
- □ 어떻게 하지요?
- □ 제 가방이 한스 씨 가방하고 똑같이 생겼어요.

 p 29

말하기

1. 우리 반 친구들을 소개해 보세요.

2. 반 친구들 옷차림을 설명해 보세요.

2

어제 늦게까지 공부한 것 같아요

학습 목표

말하기
문법 p 38 (형용사) -은 것 같다
(동사) -는 것 같다
(동사) -은 것 같다

대화 p 41 추측하기

과제 p 45 생각을 이야기해 보세요

읽고 말하기 p 46 남자가 화가 난 것 같아요

듣고 말하기 p 49 왜 이렇게 길이 막힐까요?

2과 말하기 문법1

(형용사) -은 것 같다

대답해 보세요.

앤디 씨가 어떤 것 같아요?

슬픈 것 같아요.   _____ 것 같아요.

_____ 것 같아요.

앤디 씨가 어떤 것 같아요?

_____ .   _____ .

그림 카드를 이용해서 대화해 보세요.

이 사람이 지금 어떤 것 같아요?

슬픈 것 같아요.   아픈 것 같아요.

2과 말하기 문법2

(동사) -는 것 같다

대답해 보세요.

| 책을 읽다 | 전화하다 |
| ✓ 피아노를 치다 | 운전하다 |

뭐 하는 것 같아요?

피아노를 치는 것 같아요.　　　　　　 것 같아요.

카드를 이용해서 마임을 해 보세요. 그리고 이야기해 보세요.

A 뭐 하는 것 같아요?
B 매운 음식을 먹는 것 같아요!
C 더운 것 같아요!

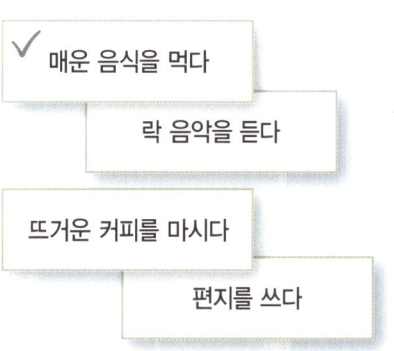

✓ 매운 음식을 먹다
　　　락 음악을 듣다
뜨거운 커피를 마시다
　　　편지를 쓰다

2과 말하기 문법3

(동사) -은 것 같다

대답해 보세요.

① A 제임스 씨가 어제 뭐 한 것 같아요?
　 B 친구를 만난 것 같아요 .
　　　아마 친구를 만났어요
　　　명동에서 놀았다고 했어요.

② A 소라 씨가 어제 저녁에 뭐 한 것 같아요?
　 B _____.
　　　아마 도서관에서 공부했어요
　　　시험 공부하러 간다고 했어요.

③ A 제니 씨가 어제 뭐 한 것 같아요?
　 B _____.
　　　아마 많이 걸었어요
　　　오늘 다리가 아프다고 했어요.

④ A 한스 씨가 왜 숙제를 안 했어요?
　 B 잘 모르겠지만 _____.
　　　★ 아마 어제 친구들하고 놀았어요

그림 카드를 이용해서 대화해 보세요.

이 사람이 뭐 한 것 같아요?

놀이 기구를 탄 것 같아요.

2과 말하기 대화1

추측하기

완: 한스 씨, 이게 무슨 소리예요?
한스: 글쎄요. 옆집에서 파티하는 것 같아요.
   좀 시끄럽지요?
완: 네. 한스 씨, 우리 다른 데에 가서 얘기할까요?
한스: 그럽시다.

🔊 옆집 [엽찝]

다음을 이용해서 대화를 만들어 보세요

옆집, 파티를 하다
아랫집, 이사를 하다
옆집, 사람들이 싸우다
옆집, 집을 수리하다
윗집, 아이들이 놀다

2과 말하기
대화1

추측하기

친구가 늦잠을 잡니다. 이유를 추측해서 말할 때 어떻게 말합니까?

타쿠야 씨 보셨어요?

아직 안 일어난 것 같아요.

제니	아주머니, 타쿠야 씨 보셨어요?
아주머니	아니요, 못 봤어요. 아직 안 일어난 것 같아요.
제니	아직도 안 일어났어요?
아주머니	네, 어제 늦게까지 공부한 것 같아요.

어제 늦게까지 공부했다

어젯밤에 늦게 잤다

감기에 걸렸다

몸이 안 좋다

아프다

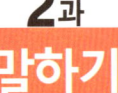

추측하기

요즘 친구가 이상합니다. 이유를 추측해서 말할 때 어떻게 말합니까?

앤디: 요즘 이리나 씨가 이상하지요? 좀 우울한 것 같아요.
미나: 네, 그런 것 같아요.
앤디: 왜 그럴까요?
미나: 제 생각에는 집에 문제가 생긴 것 같아요.
앤디: 그래요?

좀 우울하다	집에 문제가 생겼다
제니 씨하고 인사를 안 하다	제니 씨하고 싸웠다
화를 잘 내다	시험을 못 봤다
힘이 없다	건강이 안 좋다
항상 혼자 있다	고민이 있다

2과 읽고 말하기: 남자가 화가 난 것 같아요

무슨 그림인 것 같아요?

그림이 어떻게 보여요? 여자인 것 같아요? 남자인 것 같아요?

 그림에 대해서 한스 씨와 제니 씨는 어떻게 얘기했어요?

오늘 수업 시간에 선생님이 우리에게[1] 그림을 보여 주고 물어보셨습니다. "이 그림을 보세요. 여자 같아요? 남자 같아요?" 한스 씨는 "남자인 것 같아요. 남자가 화가 난 것 같아요." 라고 말했습니다. 제니 씨는 "여자인 것 같아요. 여자가 우는 것
5 같아요." 라고 말했습니다.
선생님은 다른 그림도 보여 주셨습니다.
한스 씨는 "젊은 여자예요. 이 여자가 생각하는 것 같아요." 라고 말했습니다. 제니 씨는 "할머니예요. 할머니가 좀 슬픈 것 같아요." 라고 말했습니다.
10 두 사람의 대답이 달랐습니다.

 두 사람은 그림을 보고 왜 다르게 대답했어요?

한스 씨와 제니 씨의 대답을 들은 다음에 선생님이 말씀하셨습니다. "사람마다²⁾ 생각이나 느낌이 달라요. 그래서 사람들은 같은 그림을 볼 때에도 다른 생각을 해요. 그림에 대해서 얘기하는 것을 들어 보면 그 사람의 생각이나 느낌을 알 수 있어요."
5 선생님은 제니 씨한테 "요즘 안 좋은 일이 있어요?"라고 물어보셨습니다. 제니 씨는 지난달에 할머니께서 돌아가셨다고 대답했습니다. 이제 할머니를 볼 수 없어서 너무 슬프다고 했습니다. 선생님은 한스 씨한테도 같은 질문을 했습니다. 한스 씨는 요즘 여자 친구 때문에 기분이 안 좋다고 했습니다. 여자 친구를 만날 때마다 잘 싸운다고 했습니다. 우리는 그림을
10 보고 우리의 생각을 자유롭게 이야기했습니다. 오늘 수업 시간에 친구들의 생활과 마음을 알 수 있어서 재미있었습니다.

CD 12

가 글을 읽고 메모하십시오.

두 사람은 그림을 보고 어떻게 생각했어요?

그림 1　　　　　　　　　　　그림 2

한스　　남자가 화가 난것 같아요.

제니

1) -에게   2) -마다

2과 읽고 말하기

나 묻고 대답하십시오.

1. 한스 씨는 그림을 보고 뭐라고 대답했어요?
 〈그림 1〉, 〈그림 2〉
2. 제니 씨는 그림을 보고 뭐라고 대답했어요?
 〈그림 1〉, 〈그림 2〉
3. 선생님은 두 사람의 대답이 다른 이유를 어떻게 설명해 주셨어요?
4. 제니 씨는 요즘 왜 슬프다고 했어요?
5. 한스 씨는 요즘 왜 기분이 안 좋다고 했어요?

다 소리 내서 읽으십시오. 끊어 읽기

- 그림에 대해서 얘기하는 것을 들어 보면 그 사람의 생각이나 느낌을 알 수 있어요.
- 우리는 그림을 보고 우리의 생각을 자유롭게 이야기했습니다.

라 다음을 이용해서 내용을 요약하십시오.

수업 시간 / 선생님 / 우리 / 그림 / 보여 주다 / 물어보다
한스 씨 / 첫 번째 / 그림 / 보다 / 남자 / 화가 나다 / 말하다
두 번째 / 그림 / 보다 / 젊다 / 여자 / 생각하다 / 말하다
사람들 / 같다 / 그림 / 보다 / 다르다 / 생각하다
우리 / 그림 / 보다 / 자유롭다 / 이야기하다

마 해 봅시다.

〈그림1〉, 〈그림2〉를 보고 재미있는 이야기를 만들어 보세요.

바 써 봅시다.

'마' 이야기를 써 보세요.

2과 듣고말하기
왜 이렇게 길이 막힐까요?

한국 결혼식에 가 보셨어요? 친구 결혼식에 갈 때 어떤 선물을 준비해요?

한스 씨와 제니 씨가 히로미 씨 결혼식에 가고 있습니다. 무슨 일이 생긴 것 같아요?

🎧 한스 씨와 제니 씨는 왜 길이 막힌다고 생각했어요?   CD 13

가 한스 씨가 말한 순서를 찾으십시오.

- ☐ "히로미 씨 신랑이 뭐 하는 분이에요?"
- ☐ "제임스 씨가 전화해서 결혼식에 못 간다고 했어요."
- ☐ "교통사고가 난 것 같아요."
- ☑ "그거 결혼 선물이에요?"
- ☐ "10분 남았으니까 빨리 갑시다."

2과 듣고말하기

나 묻고 대답하십시오.

1. 두 사람은 히로미 씨한테 어떤 선물을 주려고 해요?
2. 두 사람은 제임스 씨에 대해서 어떤 이야기를 했어요?
3. 길이 막히는 것을 보고 두 사람은 어떻게 생각했어요?
4. 제니 씨는 왜 결혼식에 빨리 가고 싶어했어요?
5. 두 사람은 히로미 씨 신랑에 대해서 무슨 이야기를 했어요?

다 잘 듣고 빈칸을 채우십시오. CD 14

한스 : 그런데 히로미 씨 ①_____ 이 뭐 하는 분이에요?
제니 : KT에서 일하는 분이라고 들었어요. 히로미 씨가 회사에 다닐 때 ②_____ 해요.
한스 : 아, 그래요?
제니 : 어! 한스 씨, 차들이 ③_____.
한스 : 네, 이제 빨리 갈 수 있을 거예요.

라 잘 듣고 따라하십시오. 억양 발음 CD 15

제니 : 왜 이렇게 길이 막힐까요?
한스 : 글쎄요, 교통사고가 난 것 같아요.

마 다음 요약문을 완성하십시오.

한스 씨와 제니 씨는 오늘 히로미 씨 (ㄱ____)에 가려고 합니다. 제니 씨는 결혼식이 (ㅅ____)기 전에 히로미 씨를 만나고 싶습니다. 그런데 길이 막혀서 차들이 움직이지 않습니다. 한스 씨는 길이 막히는 것을 보고 (ㄱ____)가 났다고 생각합니다. 제니 씨는 길을 (ㄱ____)고 생각합니다. 두 사람은 차 안에서 히로미 씨 (ㅅ____)에 대해서 얘기합니다. 두 사람은 결혼식이 시작하기 10분 전에 결혼식장에 도착합니다.

바 해 봅시다.

제니 씨가 결혼식이 끝난 다음에 제임스 씨와 통화합니다. 여러분이 제니 씨입니다. 결혼식에 대해서 이야기해 보세요.

> 결혼식에 갈 때 길이 많이 막혔어요……

사 써 봅시다.

한스 씨가 히로미 씨 결혼식에 다녀왔습니다. 여러분이 한스 씨입니다. 결혼식에 대해서 제임스 씨한테 이메일을 써 보세요.

학습 목표

문법

1. (형용사) -은 것 같다
   A 타쿠야 씨, 몸이 안 좋은 것 같아요.
   B 네, 좀 피곤해요. 일찍 집에 가서 쉬려고 해요.

2. (동사) -는 것 같다
   A 왜 이렇게 시끄러울까요?
   B 옆집에서 파티를 하는 것 같아요.

   (동사) -은 것 같다
   A 민수 씨하고 수잔 씨가 말을 안 해요.
   B 두 사람이 싸운 것 같아요.

단어 표현

■ 동사   ▲ 형용사   ● 명사   ◆ 부사   □ 기타/표현

대화
- ■ 수리하다
- ■ 싸우다
- ■ 화를 내다
- ▲ 이상하다
- ▲ 우울하다
- ● 아랫집
- ● 윗집
- ◆ 아직
- ◆ 항상
- □ 고민이 있다
- □ 다른 데에 가다
- □ 몸이 안 좋다
- □ 문제가 생기다
- □ 시험을 못 보다
- □ 힘이 없다
- □ 그럽시다.
- □ 왜 그럴까요?
- □ 이게 무슨 소리예요?
- □ 제 생각에는

읽고 말하기
- ■ 돌아가시다
- ■ 울다
- ▲ 슬프다
- ● 그림
- ● 느낌
- □ 때문에
- □ 자유롭게 이야기하다
- □ 사람마다 생각이 달라요.
- □ 안 좋은 일이 있어요?

듣고 말하기
- ■ (-이/가) 보이다
- ■ 움직이다
- ● 결혼식
  결혼식장
- ● 신랑
- ● 커피잔 세트
- □ 교통사고가 나다
- □ 길을 공사하다
- □ 근처에 다 왔어요.
- □ 뭐 하는 분이에요?
- □ 10분 남았어요.

p 29

말하기

1. 친구가 집에 놀러 왔습니다.
   그런데 시끄러운 소리 때문에 얘기할 수 없습니다. 이때 어떻게 말해요?

2. 오늘 _____ 씨 얼굴이 안 좋습니다. 이유를 추측해서 말해 보세요.

3 주말이니까 나가자

학습 목표

말하기
- 문법 p 54 -을 것 같다
  간접화법 ③ -자고 하다
  반말
- 대화 p 58 제안하기
  약속하기
  권유하기
- 과제 p 61 친구와 반말로 계획을 세워 보세요

읽고 말하기
- p 62 운이 없어!

듣고 말하기
- p 68 소라한테는 비밀로 하자

3과 말하기 문법1

-을 것 같다 p.9

날씨가 안 좋지요?

네, 비가 올 것 같아요.

대답해 보세요.

1. A 내일 만날 수 있어요?
   B 내일은 아르바이트가 있어서 <u>시간이 없을 것 같아요</u>.
   시간이 없다

2. A 언제 회의가 끝나요?
   B 지금 55분이니까 금방 _____.
   끝나다

3. A 리엔 씨가 수업 후에 뭐 할 것 같아요?
   B 리엔 씨가 집에 일찍 _____.
   가다

4. A 토요일에 같이 쇼핑하러 갈까요?
   B 토요일에 가면 사람이 _____.
   많다

5. A 일요일에 놀러 가서 많이 걸어야 해요?
   B 네, 산에 가니까 많이 _____.
   ★ 걷다

그림 카드를 이용해서 이야기해 보세요.

앤디 씨가 뭐 할 것 같아요?

요리할 것 같아요.

3과 말하기 문법2

간접화법 ③ -자고 하다

문장을 완성해 보세요.

 식사하러 갑시다.

 같이 중국 음식 먹어요.

 중국 음식은 어제 먹었으니까 다른 식당에 가요.

 식사한 다음에 공원에서 좀 걸읍시다.

투안 씨가 식사하러 가 <u>자고 했어요</u>.
한스 씨가 같이 중국 음식 먹_____.
리엔 씨가 중국 음식은 어제 먹었으니까 다른 식당에 _____.
★ 제니 씨가 식사한 다음에 공원에서 좀 _____.

파티 계획을 세우세요.

언제 파티를 할까요?

금요일에 시험이 끝나니까 토요일에 합시다.

	렌핑
1. 요일/시간	토요일
2. 장소	한스 씨 집
3. 음식	
4. 프로그램	

친구가 뭐라고 했어요? 같이 이야기해 보세요.

렌핑 씨가 금요일에 시험이 끝나니까 토요일에 파티를 하자고 했어요.

3과 말하기 문법3 — 반말

대답해 보세요.

① A 지금 뭐 해?
   B 지금 <u>숙제해</u>.

② A 뭐 읽고 있어?
   B 만화책 _____.

③ A 여기에 언제 왔어?
   B 10분 전에 _____.

④ A 어디에서 저녁 먹을 거야?
   B 하숙집에서 _____.

⑤ A 영화 시작 시간이 몇 시야?
   B 5시 반 _____.

카드를 이용해서 이야기해 보세요.

A 보통 집에 가서 뭐 해?
B 집에 가서 숙제하고 텔레비전을 봐.
A 보통 어떤 프로그램을 봐?
B 드라마나 코미디를 봐.

✓ 보통 집에 가서 뭐해?

어제 뭐 했어?

방학 때 뭐 할 거야?

작년 크리스마스에 뭐 했어?

p 10

3과 말하기 — 반말 / 문법3

같이 사진 찍자.

사진 이메일로 보내줘.

반말로 바꿔서 말해 보세요.

① 들어오세요. → 들어와.
② 문 좀 닫아 주세요.
③ 같이 사진 찍읍시다.
④ 택시 탑시다.

반말로 바꿔서 말해 보세요.

민수야, 우리 이번 주말에 같이 야구 보러 가자!

유리 : 민수 씨, 우리 이번 주말에 같이 야구 보러 가요!
민수 : 좋아요. 그런데 유리 씨, 어디에서 만날까요?
유리 : 종합운동장 역에서 만납시다.
       혹시 다른 일이 생기면 전화해 주세요.

반말로 여행 계획을 세워 보세요.

시간과 돈이 많이 있으니까 자유롭게 만들어 보세요.

- 가고 싶은 곳
- 먹고 싶은 것
- 사고 싶은 것
- 하고 싶은 것

방학 때 어디로 여행 갈까?

터키로 가자.
자연 경치가 아름답다고 해.

나는 그리스가 더 좋을 것 같아.

그럼, 터키도 가고 그리스도 가자.

3과 말하기 대화1

제안하기

친구하고 같이 밖에 나가고 싶습니다. 어떻게 말합니까?

> 유리야, 주말이니까 나가자.

> 그런데 비가 올 것 같아.

민수 유리야, 주말이니까 나가자.
유리 그런데 비가 올 것 같아.
민수 비가 오면 어때? 나가자. 내가 점심 살게.
유리 그래. 그럼, 대학로에 가자.
민수 미나한테도 전화해 볼까?
유리 좋아. 한번 전화해 봐.

다음을 이용해서 대화를 만들어 보세요

> 비가 오다
> 눈이 오다
> 바람이 불다
> 밖이 덥다
> 밖이 춥다

3과 말하기 — 약속하기 (대화2)

친구하고 같이 밖에 나가고 싶어서 친구한테 전화합니다. 어떻게 말합니까?

"어디에서 만날까?"

미나	여보세요.
민수	미나야? 나 민수야. 오늘 바빠?
미나	아니, 왜?
민수	유리가 오늘 대학로에 가자고 했어. 같이 갈 수 있어?
미나	어. 어디에서 만날까?
민수	지하철역에서 만나자.

대학로
[대항노]

대학로에 가다
영화를 보다
사진 전시회에 가다
공연을 보다
저녁을 먹다

3과 말하기 대화3

권유하기

친구와 어떤 것을 했습니다. 그런데 다른 친구하고도[1] 같이 가고 싶으면 어떻게 말합니까?

유리가 오늘 대학로에 가자고 했어. 같이 가자.

좋아.

민수   현우야, 지금 뭐 해?

현우   그냥 텔레비전 보고 있어.

민수   유리가 대학로에 가자고 했어. 같이 가자.

현우   대학로에 가서 뭐 할 거야?

민수   글쎄, 연극 보는 게 어때?

현우   지금 가면 자리가 없을 것 같아.

민수   괜찮을 거야. 가자.

연극을 보다	자리가 없다
영화를 보다	표가 없다
같이 저녁을 먹다	복잡하다
거리를 구경하다	길이 막히다
공원에서 놀다	사람이 많다

1) -하고도

친구와 반말로 계획을 세워 보세요

3과 과제

준비
친구와 같이 아파트에서 살기로 했어요.
어떤 것을 사야 할까요? 어떤 규칙이 필요할까요?

활동
반말로 같이 이야기해 보세요.

> 냉장고를 사자.

> 친구는 내가 없을 때 데려오는 게 어때?

필요한 물건	어떤 물건이 필요해? (냉장고, 세탁기, 에어컨, 그릇, 가구) 필요한 물건을 누가 가지고 올 거야? 없으면 누가 살 거야?
규칙	집안일을 어떻게 할 거야? (빨래, 설거지, 청소, 요리) 친구를 데려와도 돼?

정리 발표해 보세요.
뭐 사기로 했어요? 어떤 규칙을 만들었어요?

3과 읽고말하기 — 운이 없어!

여러분은 이런 경험이 있으세요?

☐ 우산을 가지고 나오면 비가 안 오고, 우산을 안 가지고 나오면 비가 와요.

☐ 오랜만에 쇼핑을 하면 다음날 그 가게가 세일을 해요.

소라가 친구들하고 무슨 이야기를 하는 것 같아요?

- 시험 공부할 때 공부한 것은 시험에 안 나와.
- 맞아! 정말 이상해.
- 운이 없어!

3과 읽고 말하기

소라

시험 준비할 때 공부를 한 것은

시험에 안 나와.

지훈

우산을 가지고 나오면 비가 안 오고

우산을 안 가지고 나오면 비가 와.

현우

오랜만에 세차하면

조금 후에 비가 와.

3과 읽고 말하기

유리

오랜만에 쇼핑을 하면

다음 날 그 가게가 세일을 해.

민수

빨리 계산할 수 있을 것 같아서 짧은 줄에 서면

그 줄이 제일 느려.

미나

버스를 기다리면 버스가 안 오고

버스가 안 와서 그냥 가면 그때 버스가 지나가.

3과 읽고 말하기

> 소라와 소라 친구들이 어떤 얘기를 했어요? 글을 읽고 알맞은 그림을 찾으세요.

1

정말 이상해. 시험을 준비할 때 공부한 것은 시험에 하나도[2] 안 나와. 그리고 공부하지 않은 것은 항상 시험에 나와. 그래서 시험을 볼 때마다 열심히 공부하지만 성적이 나빠. 정말 운이 없지?

이름: _____

2

나도 비슷해. 내가 오랜만에 쇼핑을 하면 항상 다음 날 그 가게가 세일을 해. 지난주에도 백화점에서 10만원짜리 가방을 샀어. 그런데 그 다음날부터 백화점이 세일을 해서 지금은 그 가방을 7만원에 팔아. 정말 속상해.

이름: _____

3

내 얘기도 들어 봐. 슈퍼마켓에서 빨리 계산할 수 있을 것 같아서 짧은 줄에 서면 그 줄이 제일 느려. 어제도 빨리 계산하려고 짧은 줄에 섰지만 내가 그 줄에 선 다음부터 오래 기다려야 했어.

이름: _____

4

나도 이상한 일이 있어. 우산을 가지고 나오면 비가 안 오고, 우산을 안 가지고 나오면 비가 와. 어제 아침에도 비가 올 것 같아서 우산을 가지고 나왔어. 그런데 저녁 때까지 비가 안 와서 우산이 필요 없었어. 집에 돌아갈 때까지 우산을 가지고 다녀야 해서 불편했어.

이름: _____

2) 하나도 안

5

나는 버스를 탈 때 운이 없어. 내가 버스를 타려고 기다리면 그 버스가 오지 않아. 그런데 버스가 안 와서 걸어가기 시작하면[3] 그때 그 버스가 지나가. 이상해.

이름 : _____

6

나도 그래. 오랜만에 세차하면 조금 후에 비가 와. 지난 주말에도 그랬어. 차가 더러워서 오랜만에 세차를 했어. 그때에는 비가 안 올 것 같았어. 그런데 오후 늦게 갑자기 비가 왔어. 그때 정말 속상했어.

이름 : _____

가 알맞은 것을 찾아서 줄을 그으십시오. 누구 이야기예요?

1. 세차하면 • • 그 줄이 제일 느려.
2. 버스를 기다리면 • • 버스가 오지 않아.
3. 시험 준비할 때 공부한 것은 • • 조금 후에 비가 와.
4. 짧은 줄에 서면 • • 다음날 그 가게가 세일을 해.
5. 오랜만에 쇼핑을 하면 • • 그날 비가 오지 않아.
6. 우산을 가지고 나오면 • • 시험에 안 나와.

3) -기 시작하다

나 묻고 대답하십시오.

1. 지훈이는[4] 어떤 얘기를 했어?
2. 현우는 지난주에 왜 속상했다고 했어?
3. 소라는 시험을 볼 때 왜 운이 없다고 했어?
4. 유리가 속상한 이유가 뭐야?
5. 민수는 뭐가 이상하다고 했어?

다 소리 내서 읽으십시오. 끊어 읽기

- 내가 오랜만에 쇼핑을 하면 항상 다음날 그 가게가 세일을 해.
- 우산을 가지고 나오면 비가 안 오고, 우산을 안 가지고 나오면 비가 와.
- 버스가 안 와서 걸어가기 시작하면 그때 그 버스가 지나가.

라 다음을 이용해서 내용을 요약하십시오.

지훈 우산 / 가지다 / 나오다 / 항상 / 비 / 오다
현우 오랜만 / 세차하다 / 항상 / 비 / 오다
소라 시험 / 준비하다 / 공부하다 / 시험 / 나오다
유리 오랜만 / 쇼핑하다 / 항상 / 다음날 / 그 / 가게 / 세일하다
민수 빨리 / 계산하다 / 짧은 줄 / 서다 / 그 줄 / 제일 / 느리다
미나 버스 / 타다 / 기다리다 / 버스 / 오다

마 해 봅시다.

여러분도 비슷한 경험이 있으세요?
얘기해 보세요.

친구를 식당에 데리고 갔어.
그런데 식당이 휴일이었어.

바 써 봅시다.

'마'에서 얘기한 것을 써 보세요.

[4] -이는

3과 듣고말하기

소라한테는 비밀로 하자

기억에 남는 생일 파티가 있으세요? 기억에 남는 선물을 받아 봤어요?

두 사람이 무슨 얘기를 하는 것 같아요?

🎧 누구하고 누가 얘기하고 있을까요? CD 20

☐ 민수   ☐ 소라   ☐ 미나   ☐ 유리   ☐ 지훈

3과 듣고말하기

가 알맞은 것을 찾아서 줄을 그으십시오. 누가 무엇을 준비하기로 했습니까?

 유리 •   •

 미나 •   •

 민수 •   •

 지훈 •   •

나 묻고 대답하십시오.

1. 민수와 유리가 무슨 얘기를 하고 있어?
2. 유리가 왜 자기 집에서 파티를 하자고 했어?
3. 민수와 유리가 파티 준비를 어떻게 하기로 했어?
4. 유리가 소라를 파티에 어떻게 데려오겠다고 했어?
5. 두 사람이 소라한테 어떤 생일 선물을 하기로 했어?

다 잘 듣고 빈칸을 채우십시오. CD 21

민수 : 파티는 몇 시에 시작할까?
유리 : 6시쯤이 어때?
민수 : 그래. 6시에 시작하자.
유리 : 그리고 소라한테 ①_____ 선물을 해 주자.
　　　 앨범을 만들어 주는 게 어때?
민수 : 앨범?
유리 : 우리들하고 같이 ②_____ 사진으로 앨범을 만들자.
민수 : 좋은 ③_____.

3과 듣고말하기

라 잘 듣고 따라하십시오. 끊어 말하기 CD 22

- 소라 하숙집에서 하면 좀 불편할 것 같아.
- 우리 집이 크니까 우리 집에서 하자.

마 다음 요약문을 완성하십시오.

이번 주 토요일이 소라 (ㅅ   )이야. 그래서 유리와 민수가 소라 생일 파티를 준비하기로 했어. 그런데 소라한테는 (ㅂ   )로 할 거야. 유리 집이 크니까 거기에서 하기로 했어. 민수는 케이크를 (ㅈ   )겠다고 했어. 지훈이한테는 음료수를 (ㅂ   ) 거야. 유리가 6시에 소라를 집에 (ㄷ   ) 거야. 그리고 소라한테 앨범을 선물하기로 했어. 같이 찍은 사진으로 앨범을 만들어 줄 거야.

바 해 봅시다.

계획을 세워 보세요. 반말로 말하세요.

- 재미있는 선물 준비
- 재미있는 파티 프로그램
- 파티 준비
- 주말 약속

사 써 봅시다.

친구한테 생일 축하 카드를 써 보세요.

축 생일

소라야,
생일 축하해!
우리가 오늘 네 생일 선물로 앨범을 만들었어. 만들 때 우리도 옛날 일이 생각나서 재미있었어.
오늘 파티는 우리한테도 기억에 남는 일이 될 거야.

사랑하는 친구들이

학습 목표

문법

1. -을 것 같다
A 이 영화 어떨까?
B 재미있을 것 같아.

3. 반말
A 우산 있어?
B 어, 있어.

2. 간접화법 ③ -자고 하다
A 오늘 뭐 해?
B 소라가 대학로에 가자고 했어.
대학로에서 연극을 볼 거야.

단어 표현

■ 동사   ▲ 형용사   ● 명사   ◆ 부사   □ 기타/표현

대화
- ● 공연
- ● 사진 전시회
- ● 연극
- ● 표
- □ 거리를 구경하다
- □ 바람이 불다
- □ 밖이 덥다
- □ 밖이 춥다
- □ 자리가 없다
- □ 그냥 텔레비전 보고 있어.
- □ 비가 오면 어때?
- □ 아니.
- □ 어.

읽고 말하기
- ■ 계산하다
- ■ 세일하다
- ■ 세차하다
- ■ 지나가다
- ■ 팔다
- ▲ 느리다
- ▲ 더럽다
- ▲ 비슷하다
- ▲ 속상하다
- ▲ (-이/가) 필요없다
- □ 가지고 나오다
- □ 가지고 다니다
- □ 버스가 지나가다
- □ 성적이 나쁘다
- □ 시험에 나오다

- □ 시험을 보다
- □ 10만원짜리
- □ 오랜만에
- □ 운이 없다
- □ 줄에 서다

듣고 말하기
- ■ 데려오다
- ● 비밀
- ● 앨범
- ● 음료수
- ● 케이크
- □ 기억에 남다
- □ 그게 좋을 것 같아.
- □ 좋은 생각이야! p 30

말하기

1. 반말을 이용해서 약속을 만들어 보세요.

2. 친구하고 같이 반말로 여행 준비를 해 보세요.

4

큰형은 조용한데 저는 안 그래요

학습 목표

말하기   문법 p74   (형용사) - 은데 ①
                     (동사)   - 는데 ①
                     나이

          대화 p77   가족에 대해서 말하기
                      성격 비교하기
                      옛날과 지금 비교하기

          과제 p81   가족 사진을 소개해 보세요

    p82   옛날 이야기 〈콩쥐 팥쥐〉

    p86   딸 부잣집이에요

4과 말하기 문법1

(형용사) - 은데 ①

제주도에 있는 호텔이 비싸요?

오른쪽 호텔은 비싼데 왼쪽 호텔은 비싸지 않아요.

대답해 보세요.

신라 호텔

오렌지 호텔

① A 방이 어때요?
   B 신라 호텔은 <u>큰데</u> 오렌지 호텔은 작아요.

② A 방이 어때요?
   B 신라 호텔은 _____ 오렌지 호텔은 좀 더러워요.

③ A 공항에서 멀어요?
   B 신라 호텔은 공항에서 _____ 오렌지 호텔은 공항에서 가까워요.

카드를 이용해서 문장을 만들어 보세요.

지하철역은 가까운데 버스 정류장은 멀어요.

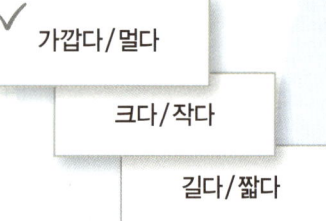

✓ 가깝다/멀다
크다/작다
길다/짧다

4과 말하기 문법2

(동사) -는데 ①

p 13

두 분 다 회사에서 일해요?

아니요. 한스 씨는 회사에서 일하는데 제임스 씨는 영어 학원에서 영어를 가르쳐요.

대답해 보세요.

A 두 분 다 매운 음식을 잘 드세요?
B 한스 씨는 잘 <u>먹는데</u>
　제임스 씨는 잘 못 먹어요.

A 두 분 다 노래를 잘 불러요?
B 한스 씨는 노래를 ＿＿＿＿＿
　제임스 씨는 노래를 못 불러요.

A 두 분 다 스키 탈 줄 알아요?
B 제임스 씨는 탈 줄 ＿＿＿＿＿
　한스 씨는 탈 줄 몰라요.

A 두 분은 어디에서 왔어요?
B 제임스 씨는 캐나다에서 ＿＿＿＿＿
　한스 씨는 독일에서 왔어요.

A 두 분은 한국에 오기 전에 뭐 했어요?
B 제임스 씨는 학생 ＿＿＿＿＿
　한스 씨는 회사원이었어요.

친구한테 물어보세요.

	앤디	미나
어떤 음식을 잘 먹어요?	샌드위치	김밥
하루에 몇 시간 자요?		
어디에서 살아요?		
하루에 몇 시간 공부해요?		

'-는데'를 이용해서 말해 보세요.

어떤 음식을 잘 먹어요?

앤디 씨는 샌드위치를 잘 먹는데
미나 씨는 김밥을 잘 먹어요.

4과 말하기 문법3 — 나이

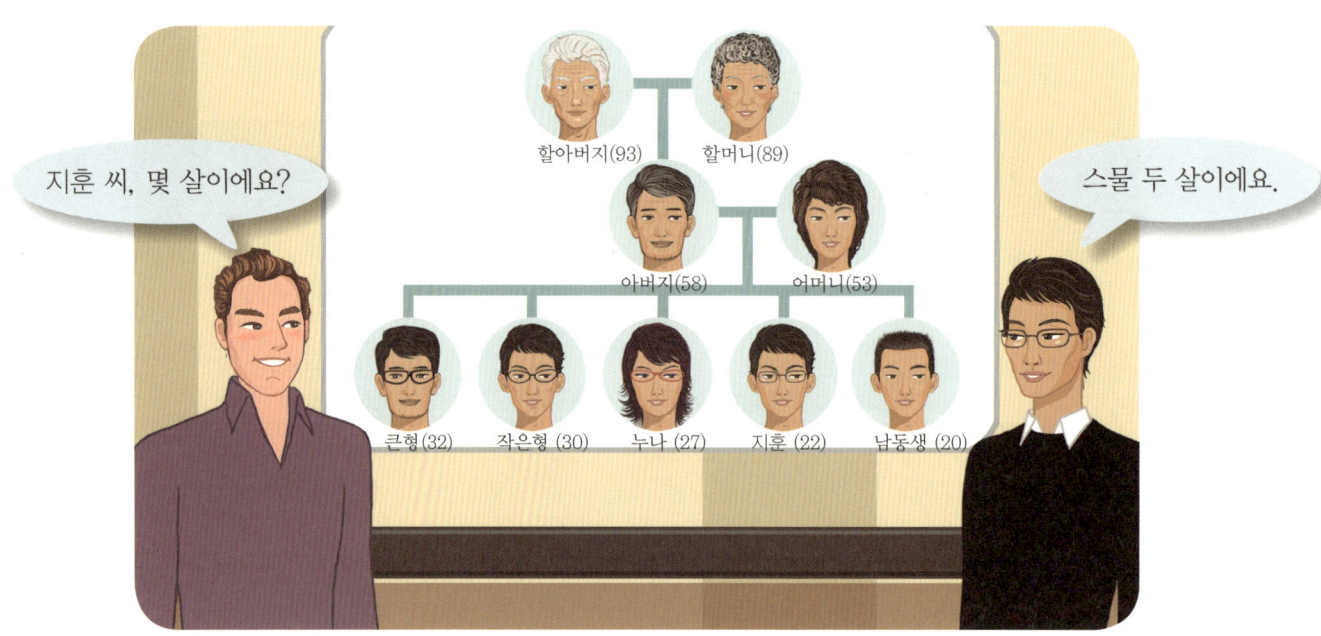

대답해 보세요.

① A 지훈 씨, 남동생이 몇 살이에요?
　B 스무 살이에요.

② A 누나는 나이가 어떻게 되세요?
　B _____ 살이에요.

③ A 큰형은 나이가 어떻게 되세요?
　B _____ 살이에요.

④ A 어머니는 연세가 어떻게 되세요?
　B _____ 이세요.

⑤ A 할아버지는 연세가 어떻게 되세요?
　B _____ 이세요.

질문하고 대답해 보세요.

가족이나 친구 나이를 물어보세요.

아버지 연세가 어떻게 되세요?

일흔이세요.

| 스무 살 | 서른 살 | 마흔 | 쉰 |
| 예순 | ✓일흔 | 여든 | 아흔 |

4과 말하기
대화1

가족에 대해서 말하기

사진에 있는 사람에 대해서 물어보고 싶습니다. 어떻게 말합니까?

앤디: 와! 지훈 씨 가족 사진이에요?
지훈: 네.
앤디: 조끼 입은 분이 누구세요?
지훈: 아버지세요.
앤디: 아버지께서 무슨 일을 하세요?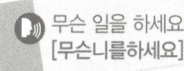
지훈: 요리사세요.
앤디: 연세가 어떻게 되세요?
지훈: 마흔 일곱이세요.

🔊 무슨 일을 하세요
[무슨니를하세요]

4과 말하기
대화1

어머니
주부 (42)

아버지
요리사 (47)

작은아버지[1)]
기자 (39)

할아버지
교수 (73)

큰아버지
경찰 (51)

고모
의사 (50)

1) 작은아버지

24

성격 비교하기

4과 말하기 대화2

친구가 여러분의 가족 사진을 봅니다. 가족에 대해서 이야기하고 싶을 때 어떻게 말합니까?

> 사진에 있는 사람이 누구예요?
>
> 큰형이에요.

앤디 사진에 있는 사람이 누구예요?

지훈 큰형이에요.

앤디 그래요? 그런데 지훈 씨하고 안 닮았어요.

지훈 네, 성격도 달라요.
    큰형은 조용한데 저는 안 그래요.

다음을 이용해서 대화를 만들어 보세요

큰형	조용하다
작은형	착하다
큰누나	마음이 넓다
작은누나	사람들 만나는 것을 좋아하다
동생	잘 놀다

4과 말하기 대화3

옛날과 지금 비교하기 25

친구한테 어렸을 때 사진을 보여줍니다. 사진에 대해서 어떻게 말합니까?

소라 이거 언제 찍은 사진이에요?
제니 열 살 때 찍은 사진이에요.
소라 어렸을 때 스케이트 타는 것을 좋아했어요?
제니 네, 좋아했어요.
소라 요즘도 스케이트 타세요?
제니 아니요, 어렸을 때에는 많이 탔는데 요즘은 안 타요.

스케이트를 타다
기타를 치다
피아노를 치다
그림을 그리다
축구를 하다

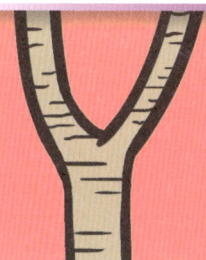

4과 읽고말하기: 옛날 이야기 〈콩쥐 팥쥐〉

〈신데렐라〉 이야기를 아세요? 같이 이야기해 보세요.

그림을 보고 〈콩쥐 팥쥐〉 이야기를 생각해 보세요. 3번 그림 이야기를 생각해 보세요.

콩쥐는 어떻게 잔칫집에 갈 수 있었어요?

콩쥐 팥쥐

　옛날에 콩쥐가 살고 있었습니다. 콩쥐 어머니는 콩쥐가 어렸을 때 돌아가셨습니다. 그 후 아버지는 새엄마와 결혼했습니다. 새엄마는 딸 팥쥐를 데려왔습니다. 콩쥐와 팥쥐는 많이 달랐습니다. 콩쥐는 착한데 팥쥐는 착하지 않았습니다. 새엄마는 착한 콩쥐한테만[2] 일을 시켰습니다. 그래서 콩쥐는 일만 하는데 팥쥐는 항상 놀았습니다. 하지만 착한 콩쥐는 불평하지 않았습니다.

　어느 날 옆 동네에서 잔치가 있었습니다. 그런데 새엄마가 콩쥐한테 일을 시키고 팥쥐만 데려갔습니다. 콩쥐도 그 잔치에 가고 싶었지만 집에서 혼자 일을 해야 했습니다. 콩쥐는 너무 슬퍼서 울었습니다. 그때 선녀가 콩쥐 앞에 나타났습니다. 선녀가 콩쥐의 일을 도와줘서 콩쥐가 일을 빨리 끝낼 수 있었습니다. 일이 다 끝난 다음에 선녀가 콩쥐한테 예쁜 옷과 신발을 줬습니다.

　"콩쥐야, 일이 다 끝났으니까 빨리 잔치에 가 봐."

2) -한테만

콩쥐는 선녀가 가져온 옷을 입고 잔칫집으로 뛰어갔습니다. 그런데 다리를 건널 때 신발 한 짝이 물에 빠졌습니다. 콩쥐는 신발을 주울 수 없어서 그냥 잔칫집에 가야 했습니다.

조금 후에 원님이 그 다리를 지나갔습니다. 그때 원님이 콩쥐가 잃어버린 신발을 봤습니다. 그 신발에서 빛이 났습니다. 원님은 그 신발이 아름답고 특별해서 신발 주인을 만나 보고 싶었습니다. 그래서 원님 밑에서 일하는 사람이 그 신발 주인을 찾으러 동네 잔칫집에 갔습니다. 그 사람이 잔칫집에 가서 그 곳에 온 사람들한테 말했습니다.

"제가 이 신발 주인을 찾고 있습니다. 여기에 온 여자들은 모두 이 신발을 신어 보세요."

잔치에 온 여자들은 모두 그 신발을 신어 봤습니다. 팥쥐도 그 신발을 신어 봤습니다. 그런데 그 신발이 팥쥐한테 작았습니다. 마지막으로 콩쥐가 그 신발을 신어 봤습니다. 그 신발은 콩쥐한테 딱 맞았습니다.

원님은 그 신발 주인을 찾아서 기뻤습니다. 그리고 동네 사람한테서 콩쥐 이야기를 듣고 콩쥐의 착한 마음에 감동했습니다. 그래서 콩쥐와 원님은 결혼을 하고 오래오래 행복하게 살았습니다.

3) 잔칫집

4과 읽고 말하기

가 글을 읽고 메모하십시오.

두 사람이 어떻게 다릅니까?

	콩쥐	팥쥐
1	착해요.	
2		항상 놀아요.

나 맞으면 ○, 틀리면 × 하십시오.

1. 새엄마는 팥쥐한테만 일을 시켰습니다. (　)
2. 콩쥐는 선녀가 도와줘서 잔칫집에 갈 수 있었습니다. (　)
3. 다리를 건널 때 콩쥐가 물에 빠졌습니다. (　)
4. 원님은 신발이 특별해서 신발 주인을 만나 보고 싶었습니다. (　)
5. 신발은 콩쥐한테 조금 작았습니다. (　)

다 묻고 대답하십시오.

1. 콩쥐와 팥쥐는 어떻게 달랐습니까?
2. 콩쥐는 어떻게 잔칫집에 갈 수 있었습니까?
3. 콩쥐가 왜 신발 한 짝을 잃어버렸습니까?
4. 원님은 왜 신발 주인을 찾으려고 했습니까?
5. 원님은 신발 주인을 어떻게 찾았습니까?

라 소리 내서 읽으십시오. 발음

- 콩쥐가 다리를 건널 때 신발 한 짝이 물에 빠졌습니다.
- 그 신발은 콩쥐한테 딱 맞았습니다.

마 p82 그림을 이용해서 내용을 요약하십시오.

사 써 봅시다.

p82 그림을 보고 이야기를 써 보세요.

바 해 봅시다.

콩쥐가 울고 있을 때 선녀가 콩쥐 앞에 나타났어요. 콩쥐와 선녀의 대화를 만들어 보세요.

4과 듣고말하기: 딸 부잣집이에요

여러분 형제가 몇 명이에요?
아버지는 형제가 어떻게 되세요?
어머니는 형제가 어떻게 되세요?

P87 사진에 있는 사람들에 대해서 이야기해 보세요. (옷, 스카프, 액세서리)

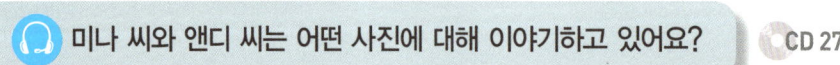

미나 씨와 앤디 씨는 어떤 사진에 대해 이야기하고 있어요? CD 27

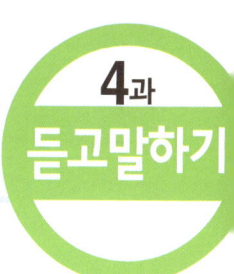

가 메모하십시오.

사진에 있는 사람들이 누구예요?

부산 이모

나 묻고 대답하십시오.

1. '딸 부잣집'은 무슨 뜻이에요?
2. 미나 씨 외삼촌이 무슨 일을 하세요?
3. 미나 씨는 왜 첫째[4] 이모를 목동 이모라고 불러요?
4. 사진에서 누가 미나 씨 어머니세요?
5. 앤디 씨는 왜 미나 씨가 셋째 딸이라고 생각했어요?

다 잘 듣고 빈칸을 채우십시오. CD 28

앤디 : 여기 안경을 쓰고 계신 분[5]이 미나 씨 어머니세요?
　　　 미나 씨하고 많이 ① _____.
미나 : 아니에요. 그 분은 목동 이모세요.
앤디 : 목동 이모요? 이모 이름이 목동이세요?
미나 : 아니요, 그 이모가 목동에 사세요.
　　　 그래서 목동 이모라고 ② _____.

4) 첫째　5) 안경을 쓰고 계신 분

4과 듣고말하기

라 잘 듣고 따라 하십시오. [발음] [끊어 말하기] CD 29

앤디 : 외삼촌은 무슨 일을 하세요?
미나 : 작년까지 무역 회사에 다니셨는데 지금은 개인 사업을 하세요.

마 다음 요약문을 완성하십시오.

미나 씨 어머니 가족을 소개해 드릴게요. (ㅇ   )가 세 분 계시고, (ㅇ   )이 한 분 계세요. 사진에서 안경을 (ㅆ   ) 분은 목동 이모세요. 그 옆에 머리가 (ㄱ   ) 분은 잠실 이모세요. 그리고 체크무늬 옷을 입은 분은 부산 이모세요. 그 옆에 앉아 계시는 분은 미나 씨 어머니세요. 그리고 미나 씨 어머니 오른쪽에 계시는 분은 외삼촌이세요. 외삼촌은 작년까지 회사에 (ㄷ   ) 지금은 개인 사업을 하세요.

바 해 봅시다.

우리 반에서 이모가 제일 많은 사람은 누구예요?
p86처럼 부모님 가족의 가계도를 그리세요.
그리고 부모님 가족을 소개해 보세요.
그분들의 연세를 말해 보세요.

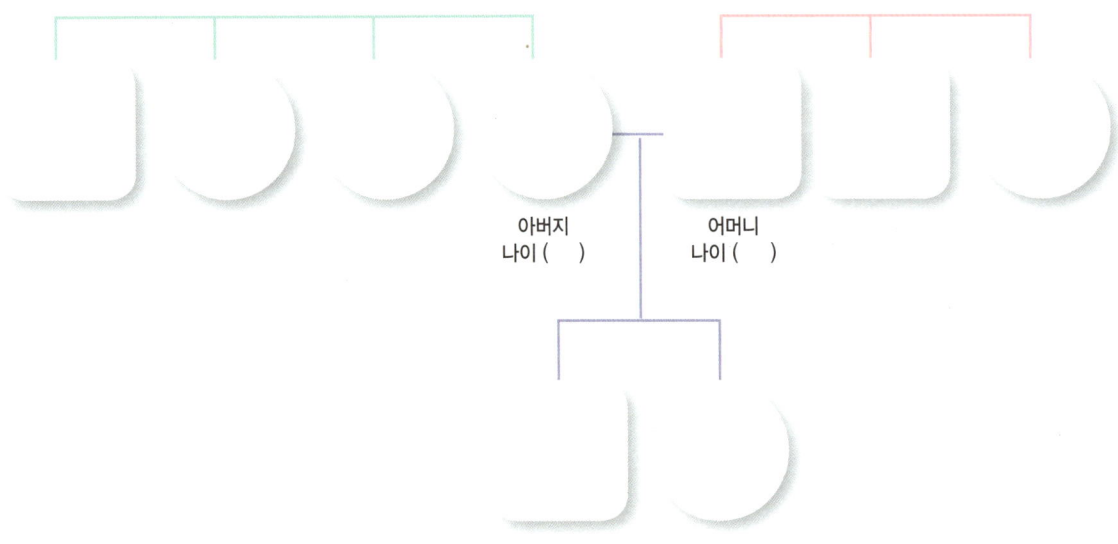

사 써 봅시다.

부모님 가족을 소개하는 글을 써 보세요.

학습 목표

문법

1. (형용사) -은데 ①
A 앤디 씨는 앤디 씨 형하고 성격이 비슷해요?
B 아니요. 형은 조용한데 저는 안 그래요.

2. (동사) -는데 ①
A 히로미 씨, 일본 요리 잘 하세요?
B 아니요. 제 언니는 일본 요리를 잘 하는데 저는 못해요.

3. 나이
A 아버지 연세가 어떻게 되세요?
B 쉰 하나세요.

단어 표현

■ 동사   ▲ 형용사   ● 명사   ◆ 부사   □ 기타/표현

대화
- ▲ 닮다
- ▲ 착하다
- ● 경찰
- ● 고모
- ● 교수
- ● 기자
- ● 요리사
- ● 작은누나
- ● 작은아버지
- ● 작은형
- ● 주부
- ● 큰누나
- ● 큰아버지
- ● 큰형
- □ 마음이 넓다

- □ 어렸을 때
- □ 연세가 어떻게 되세요?

읽고 말하기
- ■ 감동하다
- ■ 뛰어가다
- ■ 불평하다
- ■ 줍다
- ● 동네
- ● 딸
- ● 밑
- ● 새엄마
- ● 선녀
- ● 잔치
  잔칫집
- □ 물에 빠지다
- □ 빛이 나다

- □ 신발이 딱 맞다
- □ 일을 시키다

듣고 말하기
- ■ 부르다
- ● 셋째 딸
- ● 외삼촌
- ● 첫째 이모
- □ 개인 사업을 하다

p 30

말하기

1. 여러분은 성격이 어때요? 어렸을 때는 성격이 어땠어요?

2. 형제가 몇 명 있어요?

5

아무리 바빠도 운동을 해야 해요

학습 목표

 말하기

문법 p 92 -아/어지다
              -아/어도
              간접화법 ④ - 으라고 하다

대화 p 95 조언하기
              변명하기
              도움 요청하기와 조언하기

과제 p 98 친구의 문제를 듣고 조언해 보세요

 읽고 말하기

p 99 어떻게 하면 좋을까요?

 듣고 말하기

p 104 건강을 지키는 방법을 알아보겠습니다

5과 말하기 문법1

-아/어지다 p 14

잘못 세탁해서 옷이 작아졌어요.

대답해 보세요.

① A 왜 옷이 더러워졌어요?
   B 아까 축구를 해서 <u>옷이 더러워졌어요</u>.
   ✪ 옷이 더럽다

② A 수잔 씨, 발음이 정말 좋으세요.
   B 네, 연습을 열심히 해서 _____.
   발음이 좋다

③ A 히로미 씨, 기분이 좋은 것 같아요.
   B 네, 시험이 끝나서 _____.
   ✪ 마음이 가볍다

묻고 대답해 보세요.

① A 한국에서는 몇 월이 되면 <u>따뜻해져요</u>?
   B 4월이 되면 _____.

② A 어떻게 하면 _____?
   B _____.
   ✪ 예쁘다

③ A 한국에서는 몇 월이 되면 _____?
   B _____.
   ✪ 춥다

카드를 이용해서 이야기해 보세요.

작년보다 올해 건강해졌어요.

그래요? 어떻게 건강해졌어요?

아침마다 운동을 해서 건강해졌어요.

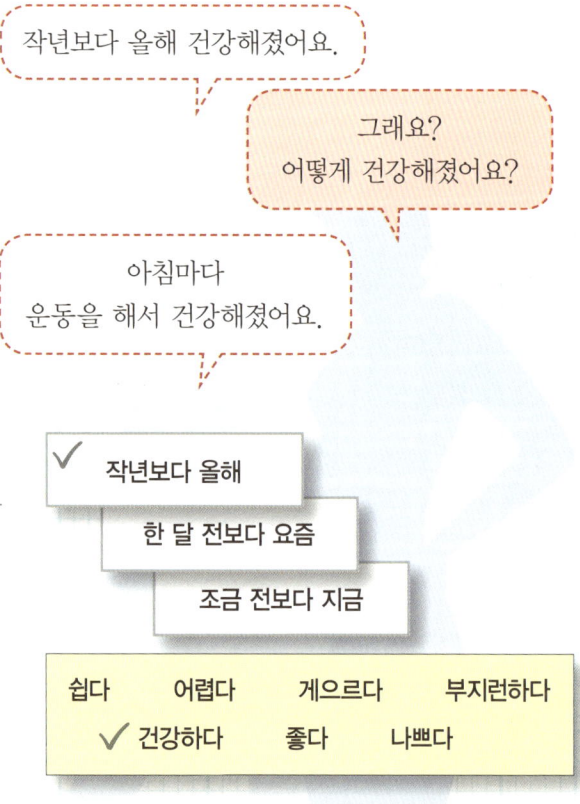

| ✓ 작년보다 올해 |
| 한 달 전보다 요즘 |
| 조금 전보다 지금 |

| 쉽다 | 어렵다 | 게으르다 | 부지런하다 |
| ✓ 건강하다 | 좋다 | 나쁘다 | |

p 15

5과 말하기
문법2 -아/어도

저는 결석 안 해요.
비가 와도 학교에 가요.
아파도 학교에 가요.

카드를 이용해서 말해 보세요.

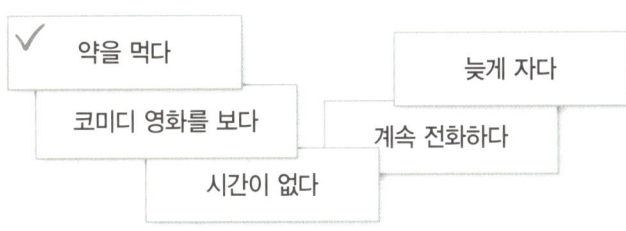

✓ 약을 먹다
코미디 영화를 보다
늦게 자다
계속 전화하다
시간이 없다

① 약을 먹어도 낫지 않아요.
② _____ 받지 않아요.
③ _____ 일찍 일어나요.
④ _____ 웃지 않아요.
⑤ _____ 여행을 자주 가요.

같이 이야기해 보세요.

사랑하면 어떻게 돼요?

약속에 늦어도 화내지 않아요.

매일 통화해도 보고 싶어요.

안 먹어도 배고프지 않아요.

_____ -아/어도 화내지 않아요.

_____ -아/어도 보고 싶어요.

_____ -아/어도 배고프지 않아요.

5과 말하기 문법3

간접화법 ④ -으라고 하다 p 15

- 숙제를 내일까지 내세요.
- 뭐라고 했어요?
- 숙제를 내일까지 내라고 했어요.

 바꿔서 말해 보세요.

 앤디 씨가 시험 보니까 조용히 하라고 했어요.

✓ 앤디 "시험 보니까 조용히 하세요."

투안 "웃는 것이 건강에 좋으니까 많이 웃으세요."

지훈 "한국말을 연습할 수 있으니까 한국 친구를 사귀세요."

렌핑 "내일은 일요일이니까 집에서 푹 쉬세요."

제니 "머리가 아프면 약을 드세요."

완 "괜찮으니까 걱정하지 마세요."

 같이 이야기해 보세요.

먼저 메모하세요.

> 맞아! 맞아! BEST 3
> 어렸을 때 엄마가 저한테 _____ 으라고 했어요.
> 1.
> 2.
> 3.

친구들 대답을 알아맞혀 보세요.

- 일찍 자라고 했어요.
- 친구하고 싸우지 말라고 했어요.
- 야채를 많이 먹으라고 했어요.

5과 말하기 — 대화1

조언하기

🔊 30

도움을 주고 싶을 때 어떻게 말합니까?

> 아무리 바빠도 운동을 해야 해요.

지훈: 이리나 씨, 피곤하세요?
이리나: 네, 요즘 몸이 많이 약해졌어요.
지훈: 그럼, 운동을 좀 해 보세요.
이리나: 저도 그렇게 하고 싶지만, 너무 바빠요.
지훈: 아무리 바빠도 운동을 해야 해요. 건강이 제일 중요해요.

🔊 약해졌어요 [야캐져써요]

다음을 이용해서 대화를 만들어 보세요

몸이 약하다	너무 바쁘다
몸이 안 좋다	일이 많다
건강이 나쁘다	시간이 없다
건강이 안 좋다	시간이 안 나다
	너무 피곤하다

말하기 대화2 — 변명하기

친구가 같이 운동하자고 합니다. 같이 운동할 수 없을 때 그 이유를 어떻게 말합니까?

한스	타쿠야 씨, 오늘 같이 테니스 쳐요!
타쿠야	미안해요. 오늘은 안 돼요.
한스	약속이 있으세요?
타쿠야	아니요, 허리가 아파서 운동하면 안 돼요.
한스	그래요? 병원에 가 봤어요?
타쿠야	네, 의사 선생님이 다 나을 때까지 운동하지 말라고 했어요.

테니스 치다

수영하다

허리가 아프다
손을 다치다
목이 붓다
열이 나다
기침이 나다

도움 요청하기와 조언하기

5과 말하기 대화3

친구가 건강이 좋지 않습니다. 그때 여러분은 어떻게 말합니까?

> 병원에 한번 가 보는 게 어때요?

앤디: 제니 씨, 제가 요즘 많이 피곤해요. 어떻게 하면 좋을까요?

제니: 그래요? 그럼, 가벼운 운동을 좀 해 보세요.

앤디: 친구가 운동을 하라고 해서 해 봤어요.
그런데 운동을 해도 좋아지지 않아요.

제니: 그럼, 병원에 한번 가 보는 게 어때요?

앤디: 그래야 할 것 같아요.

많이 피곤하다	가벼운 운동을 하다
허리가 아프다	수영을 하다
어깨가 아프다	마사지를 받다
소화가 잘 안 되다	약을 먹다
잠이 잘 안 오다	자기 전에 우유를 마시다

5과 읽고 말하기

어떻게 하면 좋을까요?

여러분도 이런 경험이 있으세요?

멀미를 해요.

감기에 잘 걸려요.

땀을 많이 흘려요.

이럴 때³⁾는 어떻게 해야 해요? 여러분 생각을 이야기해 보세요.

3) 이럴 때 (ㅎ울 불규칙)

 이 사람들은 어떤 문제가 있어요? 상담 선생님이 어떻게 하라고 했어요?

블로그

[이전 글] [다음 글] [목록]

전체 목록(▲▼)

안녕하세요?
저는 밤마다 잠이 안 와서 너무 힘들어요. 사람들이 저한테 자기 전에 재미없는 책을 읽어 보라고 했어요.
하지만 재미없는 책을 읽어도 잠이 안 와요. 어떻게 하면 좋을까요?

부산에서 이상민

↳
잠이 안 오면 운동을 해 보세요. 운동을 많이 하면 잠이 잘 와요.
또 식사할 때 상추를 드시면 잠이 잘 올 거예요.
그리고 낮에는 졸려도 낮잠을 자지 마세요.

블로그

[이전 글] [다음 글] [목록]

전체목록(▲▼)

상담 선생님 안녕하세요?
저는 차를 타면 멀미를 해요. 그래서 차를 오래 탈 수 없어요. 멀미를 할 때에는 약을 먹어도 좋아지지 않아요.
지하철을 타면 괜찮아요. 하지만 지하철을 탈 수 없을 때에는 어떻게 해야 해요?

서울에서 김미진

↳
차를 타기 전에 음식을 많이 먹으면 좋지 않아요. 차를 탄 다음에는 딱딱한 음식을 씹거나 따뜻한 음료수를 마셔 보세요. 그리고 멀미를 하면 창문을 자주 열고 중간에 내려서 스트레칭을 해 보세요.

상담 선생님께
저는 땀을 너무 많이 흘려요. 날씨가 덥지 않아도 땀을 잘 흘려요. 땀을 많이 흘려서 식사를 할 때에도 불편해요. 중요한 일이 있을 때 힘들어요. 어떻게 하면 좋을까요?

인천에서 박준호

┗
너무 걱정하지 마세요. 땀을 흘리는 것이 나쁜 것은 아니에요.
하지만 땀을 많이 흘리는 것이 싫으면 식초를 드셔 보세요. 좋아질 거예요.

상담 선생님
저는 몸이 약해서 감기에 잘 걸려요. 옷을 두껍게 입어도 감기에 잘 걸려요. 또 감기에 걸리면 약을 먹어도 잘 낫지 않아요. 어떻게 하면 감기에 걸리지 않을까요?

춘천에서 최유리

┗
감기에 걸리기 전에 조심해야 해요. 먼저 자기 전에
소금물로 양치질을 해 보세요. 그리고 과일을 많이 드세요.
여름에는 더워도 에어컨을 오랫동안 켜지 마세요.

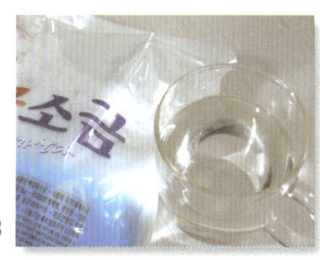

5과 읽고 말하기

가 알맞은 답을 고르십시오.

상담 선생님이 이런 문제가 있는 사람한테 어떻게 하라고 했어요?

1. 잠이 잘 안 오는 사람한테

   ㉮ 물을 많이 마시라고 했어요.
   ㉯ 식사할 때 상추를 먹으라고 했어요.
   ㉰ 약을 먹으라고 했어요.

2. 감기에 잘 걸리는 사람한테

   ㉮ 에어컨을 오랫동안 켜지 말라고 했어요.
   ㉯ 운동하지 말라고 했어요.
   ㉰ 설탕물로 양치질하라고 했어요.

3. 멀미를 잘 하는 사람한테

   ㉮ 차를 타지 말라고 했어요.
   ㉯ 신나는 음악을 들으라고 했어요.
   ㉰ 따뜻한 음료수를 마셔 보라고 했어요.

4. 땀을 많이 흘리는 사람한테

   ㉮ 수영을 하라고 했어요.
   ㉯ 세수를 많이 하라고 했어요.
   ㉰ 식초를 먹으라고 했어요.

나 묻고 대답하십시오.

1. 이상민 씨는 잠이 안 올 때 어떻게 해 봤어요?
2. 상담 선생님은 멀미를 잘 하는 사람한테 어떤 방법을 가르쳐 줬어요? (네 개)
3. 상담 선생님은 감기에 걸리기 전에 어떻게 하라고 얘기했어요? (세 개)
4. 상담 선생님은 잠을 못 자서 고민하는 사람한테 어떻게 해 보라고 했어요? (세 개)
5. 상담 선생님은 땀을 많이 흘리는 사람한테 뭐라고 했어요? (한 개)

다 소리 내서 읽으십시오. `발음` `끊어 읽기`

- 차를 탄 다음에는 딱딱한 음식을 씹거나 따뜻한 음료수를 마셔 보세요.

라 다음을 이용해서 내용을 요약하십시오.

1. **건강 문제** 차 / 오래 / 타다 / 멀미하다
   대답 멀미하다 / 창문 / 자주 / 열다 / 중간 / 내리다 / 스트레칭하다
2. **건강 문제** 밤 / 잠 / 오다 / 힘들다
   대답 낮 / 졸리다 / 낮잠 / 자다
3. **건강 문제** 몸 / 약하다 / 감기 / 잘 / 걸리다
   대답 여름 / 덥다 / 에어컨 / 오랫동안 / 켜다
4. **건강 문제** 땀 / 많이 / 흘리다 / 식사하다 / 불편하다
   대답 땀 / 흘리다 / 싫다 / 식초 / 드시다

마 해 봅시다.

여러분은 이런 문제가 있는 친구한테
어떻게 말씀하시겠어요?

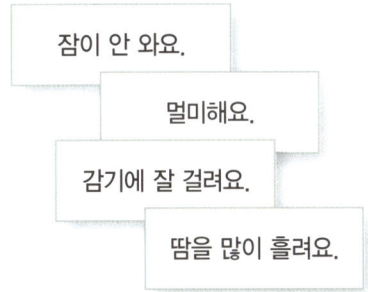

여러분이 알고 있는 방법을 얘기해 보세요.
여러분 나라에서는 이럴 때 보통 어떻게 해요?

바 써 봅시다.

여러분은 상담 선생님입니다.
'마' 문제에 대해서
답장을 써 보세요.

5과 듣고말하기: 건강을 지키는 방법을 알아보겠습니다

건강에 좋다⁴⁾고 생각하면 ○, 건강에 안 좋다고 생각하면 × 하세요.

1. 식사한 다음에 차를 마셔요.   (   )
2. 자기 전에 운동을 해요.   (   )
3. 잠을 많이 자요.   (   )
4. 아침에 일어나서 물을 한 잔 마셔요.   (   )

조수미 씨는 무슨 일을 하는 것 같아요?

 라디오 프로그램에 조수미 씨가 나왔습니다. 진행자가 어떤 질문을 해요? CD 34

4) -에 좋다

가 틀린 것을 찾아서 고치십시오. (네 개)

조수미 씨가 건강을 위해서⁵⁾ 무엇을 한다고 했어요?

잠은?
- 하루에 여섯 시간씩⁶⁾ 자요.
- 매일 같은 시간에 자고 같은 시간에 일어나요.

식사는?
- 아침을 안 먹어요.
- 식사할 때에 천천히 먹어요.
- 고기를 더 잘 먹어요.

피곤할 때에는?
- 몸이 피곤하면 잠깐 낮잠을 자요.
- 피곤한 날에는 집에 돌아가서 음악을 들어요.

나 묻고 대답하십시오.

1. 조수미 씨는 건강을 위해서 무엇이 제일 중요하다고 했어요?
2. 조수미 씨의 식사 습관은 어때요?
3. 조수미 씨는 피곤할 때 어떻게 해요?
4. 조수미 씨는 발 마사지에 대해서 어떻게 설명했어요?
5. 조수미 씨가 건강을 위해서 하는 것들이 좋다고 생각하세요?

5) -을/를 위해서 6) -씩

다 잘 듣고 빈칸을 채우십시오. CD 35

진행자 : 안녕하세요? 조수미 씨.
조수미 : 네, 안녕하세요?
진행자 : ① _____ 감사합니다. 조수미 씨는 공연 때문에
  항상 바쁘시지요? 그래도⁷⁾ 언제나 아름다우시고 건강하세요.
조수미 : 감사합니다.
진행자 : 건강을 ② _____ 특별히 하시는 거 있으세요?
조수미 : 저는 잘 자는 것이 제일 ③ _____ 생각해요.

라 잘 듣고 따라 하십시오. 억양 CD 36

진행자 : 조수미 씨도 스트레스를 많이 받으시지요?
조수미 : 저는 스트레스를 별로 안 받아요.

마 다음 요약문을 완성하십시오.

조수미 씨가 오늘 라디오 프로그램에 나와서 (ㄱ   )을 지키는 방법에 대해서 이야기했습니다. 조수미 씨는 건강을 위해서 (ㅎ   )에 여덟 시간씩 잔다고 했습니다. 그리고 매일 같은 시간에 자고 같은 시간에 일어난다고 했습니다. 또 아침을 꼭 먹고 식사할 때에는 (ㅊ   ) 먹는다고 했습니다. 그리고 고기보다 (ㅇ   )를 더 좋아한다고 했습니다. 몸이 피곤할 때에는 (ㄴ   )을 자거나 발 마사지를 한다고 했습니다.

바 해 봅시다.

여러분은 어떻게 건강을 지키세요?
반 친구들에게 건강을 지키는 방법을
물어보세요.

사 써 봅시다.

건강을 지키려면 어떻게 해야 해요?
방법을 열 가지 써 보세요.

1. 인스턴트 음식을 먹지 않아야 해요.
2.
3.
4.

7) 그래도

학습 목표

문법

1. -아/어지다
   A 이리나 씨가 요즘 건강해졌어요.
   B 맞아요. 운동을 시작한 것 같아요.

2. -아/어도
   A 요즘 운동하세요?
   B 네, 아침마다 해요.
   아무리 바빠도 날마다 운동해요.

3. 간접화법④ -으라고 하다
   A 의사 선생님이 뭐라고 했어요?
   B 약을 먹고 푹 쉬라고 했어요.

단어 표현

■ 동사   ▲ 형용사   ● 명사   ◆ 부사   □ 기타/표현

대화
- ■ 다치다
- □ 기침이 나다
- □ 다 낫다
- □ 마사지를 받다
- □ 목이 붓다
- □ 몸이 안 좋다
- □ 배탈이 나다
- □ 소화가 안 되다
- □ 시간이 안 나다
- □ 어깨가 아프다
- □ 잠이 안 오다
- □ 허리가 아프다
- □ 그래야 할 것 같아요.

읽고 말하기
- ■ 멀미하다
- ■ 씹다
- ■ 조심하다
- ▲ 딱딱하다
- ● 과일
- ● 상담 선생님
- ● 상추
- ● 식초
- ● 음료수
- □ 낮잠을 자다
- □ 땀을 흘리다
- □ 소금물로 양치질하다
- □ 스트레칭을 하다
- □ 잠이 오다
- □ 에어컨을 켜다
- □ 오랫동안
- □ 옷을 두껍게 입다

듣고 말하기
- ● 가수
- ● 소프라노
- ● 진행자
- ◆ 천천히
- ◆ 특별히
- □ 건강을 지키는 방법
- □ 마사지를 하다
- □ 스트레스를 받다
- □ 피로가 풀리다
- □ 하루에 여덟 시간씩 자다
- □ 그렇군요.
- □ 나와 주셔서 감사합니다.

말하기

1. 친구가 몸이 안 좋은 것 같습니다. 어떻게 조언해 줄 수 있어요?

2. 친구가 같이 놀자고 합니다. 그런데 여러분은 몸이 안 좋습니다. 친구한테 어떻게 말할 거예요?

6

스페인에 가 본 적이 있으세요?

학습 목표

말하기 문법 p 110 - 은 적이 있다
　　　　　　　　 - 도 …… -도

　　　　대화 p 112 여행지 추천하기
　　　　　　　　　여행 경험 말하기

　　　　과제 p 115 특별한 경험을 발표해 보세요

읽고 말하기 p 116 이런 여행을 자주 하고 싶어요

듣고 말하기 p 120 좋은 곳 좀 추천해 주세요

6과 말하기 문법1 -은 적이 있다

🗣 바꿔서 말해 보세요.

번지 점프를 해 본 적이 있어요?

① 번지 점프를 해 봤어요?

② 대학로에 가 봤어요?

③ 탈춤을 춰 봤어요?

④ 한국 옛날 음악을 들어 봤어요?

⑤ 한국 영화를 봤어요?

👥 친구한테 물어보세요.

인사동에 가 본 적이 있어요?

네, 가 본 적이 있어요.

어땠어요?

옛날 물건이 많았어요.
주말에는 차가 없어서 좋았어요.

	친구 1	친구 2
인사동에 가다	○	
한국에서 일하다		
라틴 댄스를 추다		
한복을 입다		
한국 신문을 읽다		

6과 말하기

문법2 -도 …… -도

p 17

우리 반에는 여러 나라 사람들이 있어요. 러시아 사람도 있고 중국 사람도 있어요.

답을 두 개 골라서 말해 보세요.

말하기도 재미있고 쓰기도 재미있어요.

① 한국어 공부할 때 뭐가 재미있어요?
- ☑ 말하기가 재미있어요.
- ☐ 듣기가 재미있어요.
- ☐ 읽기가 재미있어요.
- ☑ 쓰기가 재미있어요.

② 어떤 음식을 좋아해요?
- ☐ 비빔밥을 좋아해요.
- ☐ 불고기를 좋아해요.
- ☐ 순두부찌개를 좋아해요.
- ☐ 삼계탕을 좋아해요.

③ 하숙집에 살면 뭐가 좋아요?
- ☐ 한국말 연습을 할 수 있어요.
- ☐ 맛있는 음식을 먹을 수 있어요.
- ☐ 한국 친구를 사귈 수 있어요.
- ☐ 시설이 편해요.

카드를 이용해서 말해 보세요.

주말에 뭐 했어요?

공부도 하고 숙제도 했어요.

- 주말에 뭐 했어요?
- 무슨 운동을 잘 해요?
- 보통 어디에서 점심을 먹어요?
- 심심할 때 보통 누구한테 전화해요?
- 나중에 어디에 여행 가고 싶어요?
- 언제 기분이 좋아요/나빠요?

말하기 대화1 — 여행지 추천하기

외국에 여행을 가려고 합니다. 그 나라에 대해서 친구한테 어떻게 물어봅니까?

스페인에 가 본 적이 있으세요?

네, 가 봤어요.

리엔 앤디 씨, 스페인에 가 본 적이 있으세요?
앤디 네, 가 봤어요.
리엔 언제 가 보셨어요?
앤디 작년 겨울에요. 그런데 왜요?
리엔 제가 이번 방학 때 스페인에 여행 가려고 해요.
       스페인에 가면 뭐 하는 게 좋아요?
앤디 스페인은 플라멩코가 유명하니까 꼭 보러 가세요.

 작년 [장년]

다음을 이용해서 대화를 만들어 보세요

스페인	플라멩코가 유명하다	보러 가다
독일	맥주가 유명하다	마셔 보다
태국	과일이 맛있다	먹어 보다
호주	바닷가가 아름답다	가 보다
페루	마추픽추가 유명하다	가 보다

112

여행 경험 말하기

타쿠야	제니 씨, 캐나다 여행 어떠셨어요?
제니	경치도 아름답고 사람들도 친절해서 좋았어요. 타쿠야 씨도 캐나다에 가 본 적이 있으세요?
타쿠야	아니요, 아직 못 가 봤어요.
제니	그래요? 그럼, 꼭 가 보세요. 타쿠야 씨도 좋아하실 거예요.

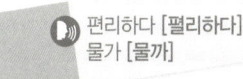
편리하다 [펼리하다]
물가 [물까]

경치가 아름답다	사람들이 친절하다
도시가 아름답다	공기가 깨끗하다
교통이 편리하다	물가가 싸다
말이 통하다	음식이 입에 맞다
스키를 탈 수 있다	등산을 할 수 있다

6과 말하기 대화3

여행 경험 말하기

친구가 여행 이야기를 합니다. 여러분도 친구와 같은 경험이 있으면 어떻게 말합니까?

저도 여행 가서 여권을 잃어버린 적이 있어요.

미나 앤디 씨, 이번 여행이 어떠셨어요?
앤디 여행은 좋았는데 힘든 일이 있었어요.
미나 왜요? 무슨 일이 있었어요?
앤디 네, 여행 중에 여권을 잃어버렸어요.
미나 그러셨어요? 저도 여행 가서 여권을 잃어버린 적이 있어요. 그때 정말 고생했어요.

여권 [여꿘]
잃어버렸어요 [이러버려써요]

여권을 잃어버리다
기차를 잘못 타다
가방을 도둑맞다
방을 못 구하다
배탈이 나다

특별한 경험을 발표해 보세요

6과 과제

준비
여러분의 특별한 경험을 메모해 보세요.

-아/어 본 적이 있다	-은 적이 있다
① 열두 시간 동안 걸어 본 적이 있어요.	①
②	②

활동
3~4명씩 그룹을 만드세요.
초콜릿을 열 개씩 선생님한테서 받으세요.
말하는 순서를 정하세요.
첫 번째 사람이 특별한 경험 하나를 말하세요.
그 경험이 있는 사람은 "있다!",
그 경험이 없는 사람은 "없다!"라고 동시에 말하세요.
특별한 경험을 말한 사람은 '있다'라고 말한 사람한테 초콜릿을 줘야 해요. 모두 '없다'라고 하면 모두한테서 초콜릿을 하나씩 받을 수 있어요.

아침부터 밤까지 열두 시간 동안 걸어본 적이 있어요.

없다!
있다!
없다!

정리 누가 제일 초콜릿을 많이 가지고 있어요?
어떤 이야기가 기억에 남아요?
특별한 경험 이야기를 반 친구들한테 해 주세요.

6과 읽고말하기
이런 여행을 자주 하고 싶어요

한국의 전통 집을 본 적이 있으세요?

안동에 가면 뭐 볼 수 있어요?
이천에 가면 뭐 할 수 있어요?
안동하고 이천 중에서 어디에 가 보고 싶어요?

📖 앤디 씨가 얼마 동안 여행했어요?

지난 주말에 한국 문화를 배우려고 안동과 이천에 다녀왔어요.
2시쯤 안동의 하회마을에 도착했어요. 하회마을은 한국의 전통 집들이 많아서 유명한 곳이에요. 우리는 거기에서 전통 집들을 구경했어요.
사람들이 아직도 그런 옛날 집에서 살고 있는 것이 신기했어요.
집을 다 구경한 다음에 다 같이 전통 놀이를 했어요. 참 재미있었어요.
저녁 때 안동 근처에 있는 지례마을에 가서 민박을 했어요.
하회마을에서 지례마을까지 버스로 한 시간쯤 걸렸어요.
저녁 식사 후에 민박 집에서 탈춤 공연도 보고 탈춤도 배웠어요.
탈춤이 쉬워 보였는데1) 배우는 것은 쉽지 않았어요.
춤을 출 때 팔다리가 너무 아팠어요.
그래도 한국의 전통 춤을 배우는 것이 재미있었어요.

1) -아/어 보이다

6과 읽고말하기

다음날 아침 일찍 이천으로 떠났어요[2].
이천은 도자기로 유명한 곳이라서 한국을 떠나기 전에 한번 가 보고 싶었어요. 선생님이 도자기를 만드는 것을 본 다음에 우리가 직접 도자기를 만들어 봤어요. 저는 술잔을 두 개 만들었어요.
우리가 만든 도자기를 나중에 학교로 보내 준다고 했어요.
저녁 늦게 서울로 돌아왔어요.
이번 여행에서 한국의 전통 문화를 많이 배울 수 있어서 좋았어요.
서울 생활도 재미있지만, 서울 밖으로 나가서 한국을 여행하는 것도 참 좋았어요.
이런 여행을 자주 하고 싶어요.

가 메모하십시오.

앤디 씨가 뭐 했어요?

안동 하회마을	지례마을	이천
1.	1.	1. 선생님이 도자기 만드는 것을 봤어요.
2.	2.	2. 직접 도자기를 만들어 봤어요.

2) -으로 떠나다

6과 읽고말하기

나 질문에 대답하십시오.

1. 안동 하회마을은 어떤 곳이에요?
2. 앤디 씨가 하회마을에서 뭐 했어요?
3. 앤디 씨가 탈춤에 대해서 어떻게 말했어요?
4. 앤디 씨가 이천에서 뭐 했어요?
5. 앤디 씨가 주말 여행에 대해서 어떻게 생각했어요?

다 소리 내서 읽으십시오. `끊어 읽기`

- 저녁 식사 후에 민박 집에서 탈춤 공연도 보고 탈춤도 배웠어요. 탈춤이 쉬워 보였는데 배우는 것은 쉽지 않았어요. 춤을 출 때 팔다리가 너무 아팠어요.

라 다음 단어를 이용해서 내용을 요약하십시오.

하회마을	사람들 / 아직도 / 옛날 / 집 / 살다 / 신기하다 집 / 구경하다 / 다 같이 / 전통 / 놀이 / 하다
지례마을	탈춤 / 공연 / 보다 / 탈춤 / 배우다 한국 / 전통 / 춤 / 배우다 / 재미있다
이천	선생님 / 도자기 / 만들다 / 보다 / 직접 / 도자기 / 만들다
서울	이번 / 여행 / 한국 / 전통 / 문화 / 배우다 / 좋다

마 해 봅시다.

같이 이야기해 보세요.

> 여행할 때 민박해 본 적이 있으세요?

민박
탈춤
한국 전통 놀이
안동 하회마을
도자기

바 써 봅시다.

쓰기 1.

여러분은 안동하고 이천에 여행을 다녀왔습니다.
p116 사진을 보고 기행문을 써 보세요.

쓰기 2.

기억에 남는 여행에 대해서 써 보세요.

6과 듣고말하기: 좋은 곳 좀 추천해 주세요

여러분은 지금 어디를 제일 여행하고 싶으세요? 왜요?
누구하고 같이 가고 싶으세요?

선운사는 어디에 있어요? 경주는 뭐가 유명해요?

고창 선운사

경주

🎧 민수 씨가 추천한 곳에 ✓ 하십시오.　　💿 CD 41

✓ 동해 / ☐ 서해　　☐ 선운사 / ☐ 운주사　　☐ 광주 / ☐ 경주
☐ 남해 / ☐ 남원　　☐ 제부도 / ☐ 제주도

6과 듣고말하기

가 메모하십시오.

민수 씨가 왜 이 장소를 추천했어요?
제니 씨는 왜 민수 씨가 추천한 장소가 싫다고 했어요?

(동해   )

● 추천 이유

1. 바다에서 수영을 할 수 있어요.
2. 돌아올 때 설악산에 들를 수 있어요.

> 제니
> 사람이 많아서 복잡해요.

(   )

● 추천 이유

> 제니

(   )

● 추천 이유

> 제니

(   )

● 추천 이유

> 제니

6과 듣고 말하기

나 묻고 대답하십시오.

1. 민수 씨가 제니 씨한테 동해를 추천한 이유는 뭐예요?
2. 민수 씨는 왜 제니 씨한테 선운사를 추천했어요?
3. 경주는 뭐가 좋아요?
4. 민수 씨는 남해를 어떻게 소개했어요?
5. 제니 씨는 왜 민수 씨가 추천한 장소들이 싫다고 했어요?

다 잘 듣고 빈칸을 채우십시오. CD 42

제니 : 남해는 뭐가 좋아요?
민수 : 배를 타고 ① _____ 을 구경해 보세요.
　　　경치가 정말 아름다워요.
　　　② _____ 회도 먹을 수 있어요.
제니 : 민수 씨, 저는 멀미를 해서 배는 타고 싶지 않아요.

라 잘 듣고 따라 하십시오. CD 43

민수 : 음……, 얼마 동안 여행하고 싶어요?
제니 : 한³⁾ 3~4일쯤 생각하고 있어요.

마 다음 요약문을 완성하십시오.

제니 씨가 민수 씨한테 좋은 여행 장소를 물어봤습니다. 민수 씨는 처음에 동해에 가 보라고 했습니다. 하지만 제니 씨는 지금 동해에 가면 (ㅂ　　　　)서 싫다고 했습니다. 그래서 민수 씨는 선운사를 추천했습니다. 선운사는 (ㅈ　　　　)고 했습니다. 하지만 제니 씨는 (ㄱ　　　)이 불편해서 싫다고 했습니다. 그 다음에 민수 씨는 경주에 가 보라고 했습니다. 거기는 쉽게 갈 수 있다고 했습니다. 그리고 한국 (ㅇ　　　)도 배울 수 있다고 했습니다. 그런데 제니 씨는 거기에 가 본 적이 있어서 싫다고 했습니다. 민수 씨는 마지막으로 남해를 추천했습니다. 이번에도 제니 씨는 (ㅁ　　　) 때문에 싫다고 했습니다.

바 해 봅시다.

역할극

여러분이 해외 여행을 가려고 합니다. 친구가 좋은 장소를 추천하지만 여러분은 그때마다 마음에 들지 않아서 싫다고 합니다. 대화를 만들어 보세요.

사 써 봅시다.

친구가 여행 장소를 여러 개 추천합니다. 그런데 여러분은 그 장소들이 다 마음에 들지 않습니다. 두 사람 대화를 써 보세요. 대화 내용을 이용해서 '마'처럼 요약문을 써 보세요.

3) 한

학습 목표

문법

1. -은 적이 있다

A 스페인에 가 본 적이 있으세요?
B 네, 3년 전에 여행했어요.

A 지하철을 잘못 타서 늦었어요.
B 저도 지하철을 잘못 탄 적이 있어요.

2. -도 …… -도

A 제주도 여행 어떠셨어요?
B 음식도 맛있고 경치도 아름다워서 좋았어요.

단어 표현

■ 동사   ▲ 형용사   ● 명사   ◆ 부사   □ 기타/표현

대화
- ■ 고생하다
- ■ 도둑맞다
- ● 도시
- ● 맥주
- ● 바닷가
- ● 여권
- □ 공기가 깨끗하다
- □ 교통이 편리하다
- □ 기차를 잘못 타다
- □ 말이 통하다
- □ 물가가 싸다
- □ 배탈이 나다
- □ 음식이 입에 맞다
- □ 무슨 일이 있었어요?
- □ 어떠셨어요?

읽고 말하기
- ■ 민박하다
- ▲ 신기하다
- ● 도자기
- ● 술잔
- ● 전통 놀이
- ● 전통 문화
- ● 탈춤 공연
- ◆ 다 같이
- ◆ 직접

듣고 말하기
- ■ 들르다
- ■ 정하다
- ● 남해
- ● 동해
- ● 역사
- ● 섬
- ● 7월 말
- □ 신선한 회를 먹다
- □ 아직 못 정했어요.
- □ 한 3~4일쯤 생각하고 있어요.

 p 32

말하기

1. 친구가 여러분이 여행가려고 하는 나라에 갔다 왔습니다.
   친구한테 그 나라에 대해서 물어보세요.

2. 다른 나라를 여행할 때 힘든 적이 있었어요? 여러분 경험을 얘기해 보세요.

7

축하합니다.
기쁘시겠어요

학습 목표

말하기	**문법** p 126	(형용사) -은지 알다 (동사) -는지 알다 -겠-
	대화 p 128	정보 물어보기 축하하기 걱정 표현하기
	과제 p 131	퀴즈 게임을 해 보세요
읽고 말하기	p 132	무엇이든지 물어보세요
듣고 말하기	p 138	돌잔치 때 뭐 집었어요?

7과 말하기 문법1

(형용사) –은지 알다, (동사) –는지 알다

누구인지 아세요?

질문해 보세요.

한국 여행할 때 어디가 제일 좋은지 아세요?

① (한국 여행할 때 / 어디 / 제일 좋다) 아세요?

② (소라 씨 / 어떤 선물 / 좋아하다) 아세요?

③ (경찰서 전화번호 / 몇 번이다) 아세요?

④ (한스 씨 / 어제 / 왜 / 학교에 안 왔다) 아세요?

⑤ (리엔 씨 / 어렸을 때 / 어디 / 살았다) 아세요?

같이 이야기해 보세요.

한국에서 어느 섬이 제일 큰지 아세요?

네, 알아요. 제주도요.

아니요, 어느 섬이 제일 큰지 몰라요.

✓ 한국에서 어느 섬이 제일 큰지 아세요?

서울에서 부산까지 비행기로 얼마나 걸리는지 아세요?

한국에서 어느 산이 제일 높은지 아세요?

춘천이 어디에 있는지 아세요?

한국에서 월드컵을 언제 했는지 아세요?

7과 말하기

문법2 -겠-

📕 p 18

💬 대답해 보세요.

① A 이번 주에 친구들하고 동해에 여행 가기로 했어요.
  B 와! _재미있겠어요_ .
      재미있다

② A 다음 주부터 휴가예요.
  B _____.
      신나다

③ A 다음 달에 결혼해요.
  B _____.
      행복하다

④ A 회사에 취직했어요.
  B _____.
      기쁘다

⑤ A 어제 가방을 도둑맞았어요.
  B _____.
      속상하다

👥 카드를 이용해서 말해 보세요.

💬 숙제를 다 끝냈어요.

💬 마음이 가볍겠어요.

 숙제를 다 끝냈어요.

시험을 잘 봤어요.

넓은 집으로 이사했어요

이상한 사람이 밤마다 전화해요.

새로 산 컴퓨터가 고장났어요.

7과 말하기 대화1

정보 물어보기

친구에 대한 좋은 소식을 들었습니다. 그때 어떻게 말합니까?

> 수잔 씨는 정말 좋겠어요.

제니 수잔 씨가 다음 달에 결혼한다고 들었어요.
투안 네, 저도 들었어요.
제니 누구하고 결혼하는지 아세요?
투안 네, 회사 동료하고 결혼한다고 해요.
제니 수잔 씨는 정말 좋겠어요.

동료 [동뇨]
좋겠어요 [조케써요]

다음을 이용해서 대화를 만들어 보세요

"다음 달에 결혼해요."	누구하고 결혼해요? (회사 동료)
"여행 가요."	어디로 여행 가요? ( )
"좋은 회사에 취직했어요."	어느 회사에 취직했어요? ( )
"큰 집으로 이사했어요."	어디로 이사했어요? ( )

7과 말하기 대화2

축하하기

회사 동료의 결혼 소식을 들었습니다. 축하할 때는 어떻게 말합니까?

(축하합니다. 기쁘시겠어요.)

영호: 안녕하세요? 다음 달에 결혼하신다고 들었어요.
수진: 네, 맞아요.
영호: 축하합니다. 기쁘시겠어요.
수진: 네, 축하해 주셔서 감사합니다. 같이 식사 한번 해요.
영호: 네, 그래요.
수진: 제가 한턱 낼게요.

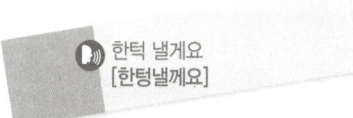
한턱 낼게요
[한텅낼께요]

다음 달	결혼하시다	
다음 주	약혼하시다	기쁘시다
지난달	좋은 회사에 취직하셨다	
어제	승진하셨다	좋으시다
다음 주	월급이 오르다	

7과 말하기 대화3

걱정 표현하기

친구가 요즘 학교에 안 나와서 소식을 묻습니다. 그때 어떻게 말합니까?

> 히로미 씨가 요즘 학교에 안 나와요.

제임스 히로미 씨가 요즘 학교에 안 나와요.
       왜 안 나오는지 아세요?
완   네, 아버지께서 많이 편찮으시다고 들었어요.
제임스 그래요? 걱정되겠어요.
완   히로미 씨한테 한번 전화해 보세요.
제임스 네, 그럴게요.

편찮으시다고
[편차느시다고]

히로미 씨가 요즘 학교에 안 나오다
렌핑 씨가 요즘 힘이 없다
한스 씨가 요즘 기분이 안 좋다
타쿠야 씨가 자주 결석하다
히로미 씨가 일본에 돌아갔다

걱정되다

마음이 무겁다

7과 과제

퀴즈 게임을 해 보세요

준비
선생님한테서 질문 카드와 사인 받는 종이를 받으세요.

1. 한국 사람들이 언제 떡국을 먹어요? 설날
2. 어느 산이 세계에서 제일 높아요? 에베레스트
3. 누가 달에 제일 먼저 갔어요? 닐 암스트롱

활동
친구에게 질문하세요. 친구가 답을 맞히면 질문 번호와 같은 번호에 사인을 해 주세요.

한국 사람들이 언제 떡국을 먹는지 아세요?

네, 설날이요.

1	2	3	4	5	6	7
8	9	10	11	12	13	14

정리 사인을 제일 많이 받은 사람이 누구인지 알아보세요. 어떤 문제가 제일 어려웠는지 얘기해 보세요.

7과 읽고말하기: 무엇이든지 물어보세요

카드를 보고 같이 이야기해 보세요.

가. 한국 사람들이 꿈에서 돼지를 보면 왜 좋아하는지 아세요? 답: ___ 번

나. 설날에 왜 떡국을 먹는지 아세요? 답: ___ 번

선생님한테서 이유를 들어 보세요.

7과 읽고말하기

📖 '가~아' 질문에 맞는 답을 찾아서 번호를 쓰세요. p134~135를 보세요.

한국 사람들이 왜 빨간색으로 이름을 안 쓰는지 아세요?　　　　　　　답 : ___번

한국 사람들이 새로 이사한 사람한테 무엇을 선물하는지 아세요?　　답 : ___번

한국 건물에서 왜 4층을 F층으로 쓰는지 아세요?
답 : ___번

다리를 떨면 왜 안 되는지 아세요?
답 : ___번

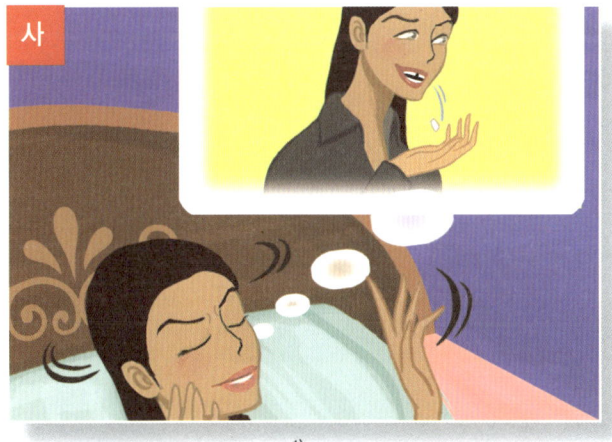

이가 빠지는 꿈을 꾸면[1] 한국 사람들이 왜 걱정하는지 아세요?　　답 : ___번

한국 사람들이 아침에 까치 소리를 들으면 왜 좋아하는지 아세요?　답 : ___번

1) 꿈을 꾸다

7과 읽고 말하기

1

한국 사람들은 보통 빨간색으로 이름을 쓰지 않아요. 빨간색으로 이름을 쓰면 나쁜 일이 생긴다고 생각해요[2]. 그래서 빨간색으로 이름을 쓰는 것을 싫어해요.

2

한국 사람들은 꿈에서 돼지를 보면 돈이 생길 거라고 생각해요. 그래서 어떤 사람은 돈을 주고 돼지 꿈을 사요.

3

한국 사람들은 다리를 떨면 복이 나간다고 생각해요. 그래서 한국 사람들은 다리를 떠는 것을 아주 싫어해요.

4

한국 사람들은 아침에 까치 소리를 들으면 그날 반가운 손님이 온다고 생각해요. 그래서 아침에 까치 소리를 들으면 좋아해요.

가 알맞은 답을 고르십시오.

1. 한국 사람들이 왜 돼지 꿈을 좋아해요?
   ㉮ 돼지 꿈을 꾸면 시험을 잘 볼 거라고 생각해요.
   ㉯ 돼지 꿈을 꾸면 돈이 생길 거라고 생각해요.

2. 설날에 왜 떡국을 먹어요?
   ㉮ 떡국 떡이 길어서 이 떡을 먹으면 오래 산다고 생각해요.
   ㉯ 떡국을 먹으면 걱정이 없어진다고 생각해요.

[2] - 다고 생각하다

5

한국 사람들은 건물의 4층을 표시할 때 4를 사용하지 않아요. 한국 사람들은 4를 보면 죽음을 생각해요. 왜냐하면 4가 죽음을 뜻하는 한자 死 [사] 하고 소리가 같아요.

6

새로 이사한 사람 집들이에는 보통 비누나 휴지를 선물해요. 비누를 선물 받으면 비누 거품처럼 돈을 많이 벌 거라고 생각해요. 휴지를 선물 받으면 긴 휴지처럼 오래 살 거라고 생각해요.

7

한국 사람들은 이가 빠지는 꿈을 꾸면 친척 중에서 한 사람이 죽는다고 생각해요. 그래서 한국 사람들은 이런 꿈을 꾸면 걱정해요.

8

떡국 떡이 길어요. 긴 떡국 떡은 오래 사는 것을 뜻해요. 그래서 한국에서는 한 해를 시작하는 설날에 떡국을 먹어요.

CD 47

3. 한국 사람들이 왜 빨간색으로 이름을 안 써요?

㉠ 빨간색으로 이름을 쓰면 나쁜 일이 생긴다고 생각해요.
㉡ 빨간색으로 이름을 쓰면 나쁜 사람이 된다고 생각해요.

4. 한국 사람들이 왜 새로 이사한 사람한테 비누를 선물해요?

㉠ 비누를 선물하면 선물을 받은 사람이 돈을 많이 벌 거라고 생각해요.
㉡ 비누를 선물하면 선물을 받은 사람이 오래 살 거라고 생각해요.

5. 한국 건물에 왜 4층이 없어요?

   ㉮ 4를 보면 죽음이 생각나서 4를 싫어해요.

   ㉯ 4를 보면 사장님이 생각나서 4를 싫어해요.

6. 한국 사람들이 왜 다리를 떠는 것을 싫어해요?

   ㉮ 다리를 떨면 머리가 나빠진다고 생각해요.

   ㉯ 다리를 떨면 복이 나간다고 생각해요.

7. 한국 사람들이 이가 빠지는 꿈을 꾸면 어떻게 생각해요?

   ㉮ 이가 빠지는 꿈을 꾸면 친척한테 안 좋은 일이 생겨요.

   ㉯ 이가 빠지는 꿈을 꾸면 친한 친구하고 싸워요.

8. 한국 사람들이 아침에 까치 소리를 들으면 어떻게 생각해요?

   ㉮ 좋은 손님이 올 거라고 생각해요.

   ㉯ 그날 날씨가 좋을 거라고 생각해요.

나 묻고 대답하십시오.

1. 한국 사람들이 왜 돼지 꿈을 좋아하는지 아세요?
2. 한국 사람들이 왜 빨간색으로 이름을 안 쓸까요?
3. 한국에서 보통 이사한 사람한테 어떤 선물을 하는지 아세요?
4. 한국 사람들이 아침에 까치 소리를 들으면 왜 좋아하는지 말해 보세요.
5. 위에서 읽은 이야기 중에서 여러분 나라하고 비슷한 것이 있어요?

다 소리 내서 읽으십시오. 발음 끊어 읽기

- 긴 떡국 떡은 오래 사는 것을 뜻해요.
  그래서 한국에서는 한 해를 시작하는 설날에 떡국을 먹어요.

라 다음 단어를 이용해서 내용을 요약하십시오.

- 한국 문화를 설명해 보세요.

  1. 한국 사람들은 왜 돼지 꿈을 꾸면 좋아해요?
     대답 꿈 / 돼지 / 보다 / 돈 / 생기다 / 생각하다

  2. 왜 빨간색으로 이름을 쓰는 것을 싫어해요?
     대답 빨간색 / 이름 / 쓰다 / 나쁘다 / 일 / 생기다 / 생각하다

  3. 한국 건물에는 왜 4층이 없어요?
     대답 '4' / 죽음 / 뜻하다 / 한자 / 소리 / 같다

  4. 다리를 떨면 왜 안 돼요?
     대답 다리 / 떨다 / 복 / 나가다 / 생각하다

  5. 이가 빠지는 꿈을 꾸면 어떻게 돼요?
     대답 이 / 빠지다 / 꿈 / 꾸다 / 친척 / 죽다 / 생각하다

마 해 봅시다.

여러분 나라 문화에 대해서 이야기해 보세요.
여러분 나라에는 어떤 미신이 있어요?

바 써 봅시다.

여러분 나라 문화를 소개해 보세요.
'-은지/는지 아세요?'를 이용해서 질문을
쓰세요. 그리고 대답을 써 보세요.

7과 듣고말하기: 돌잔치 때 뭐 집었어요?

무슨 파티인 것 같아요? 아기가 뭐 하는 것 같아요?

어떤 것이 있어요?

🎧 상 위에 있는 물건 중에서 아기가 뭘 집었어요? CD 48

7과 듣고 말하기

가 알맞은 것을 찾아서 줄을 그으십시오.

1. 보통 돌잔치 때 하는 선물은
2. 아기가 연필을 집으면
3. 아기가 돈을 집으면
4. 아기가 실을 집으면
5. 미나 씨가 돌잔치 때 집은 것은

- 돈을 잘 벌겠다고 해요.
- 오래 살겠다고 해요.
- 금반지예요.
- 실이에요.
- 공부를 잘 하겠다고 해요.

나 묻고 대답하십시오.

1. 돌잔치 때 보통 어떤 선물을 해요?
2. 돌잔치 상에 어떤 물건들을 놓아요?
3. 돌잔치 상에 왜 그런 물건들을 놓아요?
4. 어제 돌잔치 때 아기는 무엇을 집었어요?
   미나 씨가 그 말을 듣고 뭐라고 했어요?
5. 돌잔치 상에 있는 물건들은 뭘 뜻해요?

다 잘 듣고 빈칸을 채우십시오. CD 49

앤디 : 미나 씨는 ① _____ 때 뭐 집었어요?
미나 : ② _____ 이요.
앤디 : 그럼, 오래 살겠어요.
미나 : 그래서 제가 공부는 못 해요.

라 잘 듣고 따라 하십시오. 억양 CD 50

미나 : 혹시 돈을 집으면 어떻게 되는지 아세요?
앤디 : 부자가 될 것 같은데요.

7과 듣고말하기

마 ( )에 알맞은 말을 쓰십시오.

한국에서는 아기의 첫 번째 생일 잔치를 크게 합니다. 이 생일 잔치를 (ㄷ   )라고 부릅니다. 그날 사람들이 보통 아기한테 (ㄱ   )를 선물합니다. 그리고 아기가 나중에 어떻게 살지 알아보려고 상 위에 여러 가지 물건들을 놓습니다. 아기가 그 중에서 연필을 (ㅈ   )면 나중에 공부를 잘 할 거라고 생각합니다. 돈을 집으면 (ㅂ   )가 되고 실을 집으면 (ㅇ   ) 산다고 생각합니다.

바 해 봅시다.

여러분 나라의 특별한 잔치를 소개해 보세요.
그리고 다른 나라 잔치 이야기도 들어 보세요.

잔치 이름이 뭐예요?

	여러분 나라의 잔치	다른 나라의 잔치
잔치 이름?		
언제 해요?		
뭐 해요?		
무슨 선물?		
무슨 음식?		

잔치 때 무엇을 해요?

사 써 봅시다.

여러분 나라의 특별한 잔치에 대해서 써 보세요.

학습 목표

문법

1. (형용사) - 은지 알다
A 컴퓨터를 사려고 해요.
   어디에서 사면 싼지 아세요?
B 용산에 가 보세요.

(동사) - 는지 알다
A 한국에서 생일날에 뭘 먹는지 아세요?
B 네, 미역국을 먹어요.

2. -겠-
A 이번 달에 결혼해요.
B 정말 축하합니다. 기쁘시겠어요.

단어 표현

■ 동사　▲ 형용사　● 명사　◆ 부사　□ 기타/표현

대화
- ■ 승진하다
- ■ 약혼하다
- ■ 축하하다
- ■ 취직하다
- ▲ 편찮으시다
- □ 마음이 무겁다
- □ 월급이 오르다
- □ 같이 식사 한번 해요.
- □ 걱정되겠어요.
- □ 그럴게요.
- □ 좋으시겠어요.
- □ 축하해 주셔서 감사합니다.
- □ 한턱 낼게요.

읽고 말하기
- ■ 뜻하다
- ■ 죽다
- ■ 표시하다
- ● 건물
- ● 까치
- ● 돼지
- ● 떡국
- ● 비누 거품
- ● 설날
- ● 집들이
- ● 층
- ● 한자
- ● 휴지
- □ 꿈을 꾸다
- □ 다리를 떨다
- □ 돈을 벌다

- □ 돈이 생기다
- □ 반가운 손님
- □ 복이 나가다
- □ 이가 빠지다

듣고 말하기
- ■ 놓다
- ■ 집다
- ● 금반지
- ● 돌잔치
- ● 물건
- ● 상
- ● 실
- ● 아기
- ● 장난감

 p 32

말하기

1. 친구한테 좋은 일이 생겼습니다. 어떻게 축하해 줘요?

2. 반 친구한테 안 좋은 일이 생겼다고 합니다.
   그 친구에 대해서 걱정할 때 어떻게 말해요?

8
면접 잘하셨습니까?

학습 목표

- **말하기** 문법 p 144　격식체　　　　-습니다
　　　　　　　　　　격식체 존댓말　-으십니다
　　　　　　　　　　간접화법 ⑤　　-냐고 하다

　　　　　대화 p 147　개인 정보 말하기
　　　　　　　　　　　면접 정보 말하기
　　　　　　　　　　　생각 말하기

　　　　　과제 p 150　면접을 해 보세요

- **읽고 말하기**　p 151　할아버지가 보고 싶습니다

- **듣고 말하기**　p 155　자기소개를 해 보십시오

8과 말하기 문법1

격식체 -습니다

안녕하십니까? 김영호입니다.

반갑습니다.

🗣 **바꿔서 말해 보세요.**

제 이름은 _____ 입니다.

① 제 이름은 ____ 예요.

② 한국어 학교에 다녀요.

③ 수업 후에 회사에 가요.

④ 어제 늦게까지 일했어요.

⭐ ⑤ 압구정동에 살아요.

👥 **단어를 이용해서 이야기해 보세요.**

✓ 장소	시간	팩스 번호	✓시작하다
✓ 회의	끝나다	걸리다	전화번호

A 회의를 몇 시에 시작합니까?
B 2시에 시작합니다.
A 회의 장소가 어디입니까?
B 7층 회의실입니다.

8과 말하기 문법2

격식체 존댓말 −으십니다

오늘 회식에 가십니까?

네, 갑니다.

바꿔서 말해 보세요.

수잔 씨 결혼식에 가십니까? 네, 갑니다.

- ✓ 가다
- 전화하다
- 보다
- 받다

수잔 씨 결혼식에 가셨습니까? 네, 갔습니다.

- ✓ 갔다
- 전화했다
- 봤다
- 받았다

같이 이야기해 보세요.

어디에 사십니까?

왜 한국어를 공부하십니까?

언제 한국에 오셨습니까?

어떤 음식을 좋아하십니까?

시간이 있을 때 뭐 하십니까?

8과 말하기 문법3

간접화법 ⑤ -냐고 하다

 p.21

바꿔서 말해 보세요.

누가 사무실에 왔냐고 했어요.

1. 누가 사무실에 왔어요?
2. 지금 비가 와요?
3. 내일 등산 갈 거예요?
4. 무슨 음악 들어요?
★ 5. 어디에 살아요?
★ 6. 어디가 아파요?
7. 번지 점프가 위험하지 않아요?

같이 이야기해 보세요.

이번 학기 시작하기 전에 인터뷰를 했어요?
그때 어떤 질문을 받았어요?

선생님이 언제부터 한국어를 공부했냐고 했어요.
그리고 ……

✓ 언제부터 한국어를 공부?

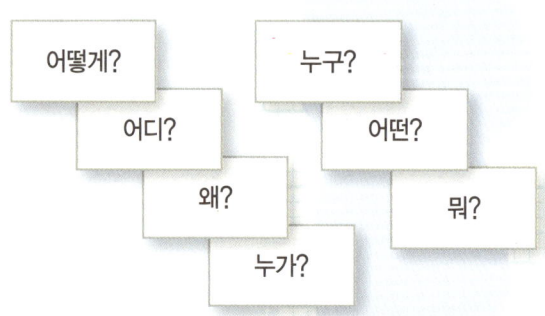
어떻게? 누구? 어디? 어떤? 왜? 뭐? 누가?

개인 정보 말하기

8과 말하기 대화1

 51

면접을 보러 갑니다. 그때 어떻게 말합니까?

안녕하십니까? 레 밍 투안입니다.

투안	안녕하십니까? 레 밍 투안입니다.
면접관	여기 앉으십시오.
투안	감사합니다.
면접관	투안 씨는 언제 한국에 오셨습니까?
투안	1년 전에 왔습니다.

다음을 이용해서 대화를 만들어 보세요

언제 한국에 오셨어요?	1년 전에 왔어요.
베트남 어디에서 오셨어요?	호치민에서 왔어요.
어디에서 사세요?	잠실에서 살아요.
대학교에서 무엇을 전공하셨어요?	경영학을 전공했어요.
한국 회사에서 일한 경험이 있으세요?	네, 있어요.

8과 말하기 대화2

면접 정보 말하기

면접 후에 면접 질문에 대해서 이야기합니다. 그때 어떻게 말합니까?

> 면접관이 어떤 질문을 하셨습니까?

데니 면접 잘하셨습니까?
투안 잘 모르겠습니다.
데니 면접관이 어떤 질문을 하셨습니까?
투안 무슨 일을 하고 싶냐고 하셨습니다.
데니 그래서 뭐라고 대답하셨습니까?
투안 뭐든지¹⁾ 열심히 하겠다고 했습니다.

"무슨 일을 하고 싶습니까?"
"어느 부서에서 일하고 싶습니까?"
"어느 나라에서 일하고 싶습니까?"
"왜 이 회사에 왔습니까?"
"언제부터 일을 시작할 수 있습니까?"

"뭐든지 열심히 하겠습니다."
"어디든지 괜찮습니다."
"아시아에 있는 나라에서 일하고 싶습니다."
"회사 이미지가 좋아서 왔습니다."
"언제든지 시작할 수 있습니다."

1) 뭐든지

생각 말하기

8과 말하기 대화3

회사 소식에 대해서 동료와 이야기합니다. 그때 어떻게 말합니까?

— 투안 씨는 어떻게 생각하십니까?
— 저도 좋다고 생각합니다.

동료 얘기 들으셨습니까?
    다음 달부터 출근 시간이 빨라진다고 합니다.
투안 네, 들었습니다.
동료 투안 씨는 어떻게 생각하십니까?
투안 저는 일찍 퇴근할 수 있어서 좋다고 생각합니다.
동료 저도 그래서 좋다고 생각합니다.

🔊 좋다고 [조타고]

다음 달부터 출근 시간이 빨라지다	일찍 퇴근할 수 있다
다음 주부터 회사 안에서 담배를 피울 수 없다	공기가 깨끗해지다
사무실을 서초 역 근처로 옮기다	교통이 편리하다
다음 달부터 회사에서 양복을 안 입어도 되다	편하게 일할 수 있다
회사에 헬스클럽이 생기다	점심 시간에 운동할 수 있다

8과 과제: 면접을 해 보세요

준비
우리 반 학생들이 같이 회사를 만들려고 합니다. 어떤 회사가 좋을까요?

활동
역할극을 준비하세요. A그룹과 B그룹으로 나누세요.
A그룹은 면접관, B그룹은 면접을 보는 사람입니다.
면접관은 면접을 한 다음에 B그룹 중에서 한 명을 선택하세요.
왜 그 사람을 선택했는지 같이 이야기해 보세요.

정리 전에 면접을 본 적이 있어요?
나중에 어떤 회사에 취직하고 싶어요?

8과 읽고말하기

할아버지가 보고 싶습니다

여러분은 할아버지, 할머니에 대한[2] 추억이 있으세요? 뭐가 생각나세요?

지훈 씨는 할아버지에 대해서 어떤 추억이 있는 것 같아요?
그림을 보고 얘기해 보세요.

2) -에 대한

8과 읽고말하기

 지훈 씨 할아버지께서는 무엇을 싫어하셨어요?

| 내 블로그 | 이웃 블로그 | 모두의 블로그 | 로그인

우리 가족 이야기

| blog | photolog | reviewlog | | memo | tags | guest |

　　오늘은 1년 전에 할아버지께서 돌아가신 날입니다. 그래서 할아버지 생각이 더 많이 나고 할아버지가 보고 싶습니다.

　　저는 고등학교 3학년 때까지 할아버지하고 같이 살았습니다. 우리 할아버지께서는[3] 옛날 분이셔서 젊은 사람들의 문화를 이해하지 못하셨습니다. 그래서 같이 살 때 힘든 일이 많았습니다.

　　한번은 제가 머리를 노란색으로 염색하고 집에 들어갔습니다. 할아버지께서는 제 머리를 보고 깜짝 놀라셨습니다. 그리고 가위로 제 머리를 자르겠다고 하셨습니다. 저는 할아버지 때문에 머리를 다시 까만색으로 염색해야 했습니다.

10　또 한번은 찢어진 청바지가 멋있어 보여서 하나 사 입었습니다[4]. 할아버지께서는 제가 입은 바지를 보시고 저한테 화를 내셨습니다. 그런 바지는 입지 말라고 하셨습니다. 저는 찢어진 청바지를 입고 싶어도 할아버지가[5] 무서워서 입을 수 없었습니다.

　　하지만 할아버지에 대한 좋은 추억도 있습니다. 할아버지께서는 저를 많이
15　사랑하셨습니다. 제가 어렸을 때 할아버지께서는 비가 오는 날에 학교 밖에서 우산을 들고 저를 기다리셨습니다. 그런 날에는 집에 돌아올 때 맛있는 만두를 사 주셨습니다. 지금도 그때 그 맛을 잊을 수 없습니다.

　　오늘도 비가 옵니다. 이렇게 비가 오는 날에는 할아버지가 더 생각나고 보고
20　싶습니다.

❋ 안녕하세요.
지훈이의 블로그입니다.
방문해 주셔서 감사합니다.

전체보기

우리 가족이야기

내 이야기

유머

CD 54

3) -께서는　4) 사 입다　5) -이/가 무섭다

8과 읽고 말하기

가 맞는 것에 ○, 틀린 것에 × 하십시오. 그리고 그 내용이 있는 곳의 줄 번호를 쓰십시오.

1. 오늘은 1년 전에 할아버지께서 돌아가신 날입니다. (○) 1 번째 줄
2. 저는 자주 할아버지 집에 놀러 갔습니다. ( ) ____ 번째 줄
3. 할아버지께서 젊은 사람들의 문화를 잘 이해해 주셨습니다. ( ) ____ 번째 줄
4. 할아버지께서는 노란색으로 염색한 머리를 좋아하셨습니다. ( ) ____ 번째 줄
5. 할아버지께서는 제가 찢어진 청바지를 입은 것을 보시고 화를 내셨습니다. ( ) ____ 번째 줄
6. 할아버지께서는 저한테 찢어진 청바지를 입지 말라고 하셨습니다. ( ) ____ 번째 줄
7. 저는 할아버지에 대한 좋은 추억이 없습니다. ( ) ____ 번째 줄
8. 제가 어렸을 때 비가 오면 할아버지께서 학교에 우산을 가지고 오셨습니다. ( ) ____ 번째 줄
9. 제가 할아버지께 만두를 많이 사 드렸습니다. ( ) ____ 번째 줄

🔊 첫 번째 줄
[첟뻔째줄]

나 묻고 대답하십시오.

1. 지훈 씨는 왜 오늘 할아버지 생각이 많이 납니까?
2. 지훈 씨는 할아버지하고 같이 살 때 왜 힘들었습니까?
3. 지훈 씨가 머리를 염색한 날에 어떤 일이 있었습니까?
4. 지훈 씨는 왜 찢어진 청바지를 입을 수 없었습니까?
5. 지훈 씨는 할아버지에 대해서 어떤 좋은 추억이 있습니까?

다 소리 내서 읽으십시오. `발음` `끊어 읽기`

- 제가 어렸을 때 할아버지께서는 비가 오는 날에
학교 밖에서 우산을 들고 저를 기다리셨습니다.

라 다음을 이용해서 내용을 요약하십시오.

할아버지 / 옛날 / 분 / 젊다 / 사람 / 문화 / 이해하다
염색하다 / 머리 / 보다 / 할아버지 / 깜짝 / 놀라다
할아버지 / 무섭다 / 찢어지다 / 청바지 / 입다
할아버지 / 저 / 많이 / 사랑하다
비 / 오다 / 날 / 할아버지 / 더 / 생각나다 / 보다

마 해 봅시다.

추억을 이야기해 보세요.

| 비 오는 날 | 이별 | 졸업식 | 사랑 |

1. 다음 문법을 사용하세요.

   -을 때,   -은 것 같다,   -은 적이 있다,   -도 …… -도

2. 다음 단어 중에서 하나를 이용하세요.

   감동하다, 걱정하다, 고생하다, 놀라다, 사랑하다
   생기다, 없어지다, 옮기다, 웃다, 울다, 헤어지다
   힘들다, 중요하다, 특별하다, 경험, 기억

바 써 봅시다.

여러분의 추억에 대해서 써 보세요.

8과 듣고말하기

자기소개를 해 보십시오

어렸을 때 꿈이 뭐였어요? 나중에 어떤 일을 하고 싶었어요?

선생님 / ? / 배우 / 축구 선수 / 경찰

승무원이 되면 뭐가 좋을까요? 어떤 점이 힘들까요?

🎧 이수정 씨가 승무원이 되려고 면접 시험을 봅니다. 면접관이 어떤 질문을 해요? CD 55

8과 듣고말하기

가 맞으면 ○, 틀리면 × 하십시오.

1. 이수정 씨는 외국어를 전공했습니다. ( )
2. 이수정 씨는 대학생 때 아르바이트를 많이 했습니다. ( )
3. 이수정 씨는 사람들을 만나서 얘기하는 것을 좋아합니다. ( )
4. 이수정 씨는 승무원이 친절해야 한다고 생각합니다. ( )
5. 이수정 씨는 이 직업의 단점이 없다고 했습니다. ( )

나 묻고 대답하십시오.

1. 이수정 씨는 처음에 자기소개를 어떻게 했습니까?
2. 이수정 씨는 왜 승무원이 되려고 합니까?
3. 이수정 씨는 자기의 장점이 뭐라고 했습니까?
4. 이수정 씨는 승무원이 어때야 한다고 했습니까?
5. 이수정 씨는 이 직업의 단점을 뭐라고 했습니까?

다 잘 듣고 빈칸을 채우십시오. CD 56

면접관 : 이수정 씨, ① _____ 자기소개를 해 보십시오.
이수정 : 네, 저는 한국 대학교에서 역사를 ② _____ 했습니다. 그리고 대학교에 다닐 때부터 승무원이 되려고 외국어를 배웠습니다.
면접관 : ③ _____ 국어를 할 줄 아십니까?
이수정 : 영어하고 일본어, 중국어를 할 줄 압니다.

라 잘 듣고 따라하십시오. 끊어 말하기 CD 57

• 저는 여행을 아주 좋아하고, 사람들을 만나서 얘기하는 것도 좋아합니다.
• 저는 성격이 밝습니다. 또 일을 빨리 배웁니다.

마 다음 요약문을 완성하십시오.

이수정 씨는 여행을 아주 좋아하고 사람들을 만나서 (ㅇ) 것을 좋아합니다. 이수정 씨의 장점은 성격이 (ㅂ)고 일을 빨리 배우는 것입니다. 이수정 씨는 대학교를 다닐 때부터 승무원이 되려고 (ㅇ)를 배웠습니다. 영어하고 일본어, 중국어를 할 줄 압니다. 이수정 씨는 승무원이 (ㅊ)야 한다고 생각합니다. 또 승무원은 비행기 여행을 많이 하니까 건강을 (ㅈ)야 한다고 생각합니다.

바 해 봅시다.

역할극
이수정 씨의 면접 대화를 해 보세요.

사 써 봅시다.

이수정 씨 면접 대답을 이용해서
이수정 씨에 대해서 써 보세요.

학습 목표

문법

1. 격식체 -습니다, 습니까?
   A 회의가 몇 시에 시작합니까?
   B 2시에 시작합니다.

2. 격식체 존댓말 -으십니다, -으십니까?
   A 언제 한국에 오셨습니까?
   B 두 달 전에 왔습니다.

3. 간접화법⑤ -냐고 하다
   A 김영호 씨가 뭐라고 했습니까?
   B 오늘 몇 시에 퇴근하냐고 했습니다.

단어 표현

■ 동사   ▲ 형용사   ● 명사   ◆ 부사   □ 기타/표현

대화
- ■ 옮기다
- ■ 퇴근하다
- ● 경험
- ● 면접
  면접관
- ● 부서
- ● 이미지
- ● 출근 시간
- □ 경영학을 전공하다
- □ 뭐든지
- □ 어디든지
- □ 언제든지
- □ 잘 모르겠습니다.

읽고 말하기
- ■ 사랑하다
- ■ 사 입다
- ■ 염색하다
- ■ 이해하다
- ● 가위
- ● 고등학교 3학년
- ● 만두
- ● 옛날 분
- ● 추억
- □ 머리를 자르다
- □ 우산을 들다
- □ 잊을 수 없다
- □ 젊은 사람들
- □ 찢어진 청바지

듣고 말하기
- ● 단점
- ● 대학생
- ● 승무원
- ● 역사
- ● 외국어
- ● 자기소개
- ● 장점
- □ 성격이 밝다
- □ 면접을 끝내겠습니다.
- □ 몇 개 국어를 할 줄 아십니까?

 p 33

말하기

1. 면접을 볼 때 어떤 말을 사용해야 해요?
   면접 질문에 어떻게 대답해야 해요?

2. 여러분이 면접 시험을 봤습니다.
   친구하고 면접 질문에 대해서 얘기해 보세요.

9

처음 한국에 왔을 때 어떠셨어요?

학습 목표

말하기
- 문법 p 160
  - -았/었을 때
  - -게 되다 ①
  - -기로 했어요 ②

- 대화 p 164
  - 한국 생활 경험 말하기
  - 격려하기
  - 오랜만에 만난 사람과 인사하기

- 과제 p 167 '내 인생'에 대해서 이야기해 보세요

읽고 말하기
- p 168 통역사가 되기로 결심했습니다

듣고 말하기
- p 172 친구들하고 헤어져서 섭섭해요

9과 말하기 문법1

-았/었을 때

 p.22

- 한국어를 처음 배웠을 때 뭐가 제일 어려웠어요?
- 발음이 어려웠어요.

대답해 보세요.

① A 캐나다에 살았을 때 등산을 많이 했어요?
   B 네, _____.

② A 고등학교에 다녔을 때 열심히 공부했어요?
   B 네, _____.

③ A 그 회사에서 일했을 때 밤에 늦게 퇴근했어요?
   B 네, _____.

④ A 제주도를 여행했을 때 날씨가 좋았어요?
   B 네, _____.

⑤ A 한국어를 처음 배웠을 때 뭐가 어려웠어요?
   B _____.

같이 이야기해 보세요.

A _____을/를 여행했을 때 어땠어요?
B 좋았어요!
A 뭐가 제일 좋았어요?
B _____.

✓ 여행하다
살다
다니다
배우다
일하다

9과 말하기 문법1

-았/었을 때

한 문장으로 보세요.

1. 한국에 처음 왔어요. 그때 호텔에서 지냈어요.
   → 왔을 때

2. 어제 집에 갔어요. 그때 9시였어요.
   →

3. 지난 주말에 공항에 갔어요. 그때 공항에서 아는 사람을 만났어요.
   →

4. 어제 집에 갔어요. 그때 길에서 앤디 씨를 만났어요.
   →

5. 아침에 학교에 왔어요. 그때 스타벅스에서 커피를 샀어요.
   →

6. 아까 은행에 갔어요. 그때 길에서 지운 씨를 봤어요.
   →

같이 이야기해 보세요.

- ✓ 오늘 학교에 왔을 때 교실에 친구가 몇 명 있었어요?
- 오늘 학교에 올 때 길에서 누구를 만났어요? 무슨 얘기를 했어요?
- 어제 집에 갔을 때 몇 시였어요?
- 지하철이나 버스를 타고 집에 갈 때 보통 지하철이나 버스 안에서 뭐 해요?

9과 말하기 문법2

-게 되다 ①

처음에는 한국어를 못했는데 지금은 잘하게 됐어요.

질문을 만들어 보세요.

① A 앤디 씨는 한국 문화에 대해서 잘 아시는 것 같아요.
   B 전에는 한국 문화를 잘 몰랐는데 한국어를 배운 다음에 <u>이해하게 됐어요</u>.
   　　　　　　이해하다

② A 주말에 보통 뭐 하세요?
   B 운전을 배우기 전에는 주말에 집에만 있었는데 요즘은 여행을 자주 _____.
   　　　　　　다니다

③ A 사진을 많이 찍으세요?
   B 네, 카메라를 산 다음부터 사진을 많이 _____.
   　　　　찍다

④ A 언제부터 그 가수를 좋아했어요?
   B 콘서트에 갔다 온 다음부터 그 가수를 _____.
   　　　　　좋아하다

⑤ A 요리를 자주 하세요?
   B 혼자 살기 시작한 후부터 자주 _____.
   　　　　만들다

메모한 다음에 같이 이야기해 보세요.

어렸을 때	지금
피아노 치는 것을 싫어했는데	좋아하게 됐어요.

한국에 처음 왔을 때	지금
김치를 못 먹었는데	잘 먹게 됐어요.

저는 어렸을 때는 피아노 치는 것을 싫어했는데 지금은 좋아하게 됐어요. _____ 씨는 어렸을 때 어땠어요?

9과 말하기 — 문법3

-기로 했어요 ②

p.23

내일부터 일찍 일어나기로 했어요.

바꿔서 말해 보세요.

① 운동하려고 내일부터 일찍 <u>일어나기로 했어요</u>.
　　　　　　　　　　　　　일어나다

② 건강이 안 좋아져서 _____.
　　　　　　　　　운동하다

③ 목이 아파서 커피를 _____.
　　　　　　　　　안 마시다

④ 한국어 공부가 어려워서 매일 _____.
　　　　　　　　　　　　　CD를 듣다

⑤ 이번 방학부터 중국어를 _____.
　　　　　　　　　배우러 다니다

메모한 다음에 같이 이야기해 보세요.

| 건강이 안 좋아져서　． |
| 아무리 힘들어도　． |
| 시간이 날 때　． |
| 시험을 잘 못 봐서　． |
| 이번 방학 때　． |

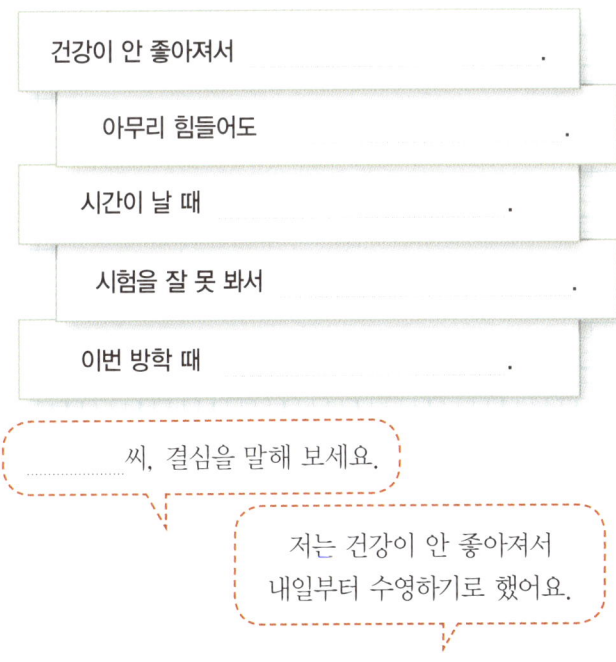

……… 씨, 결심을 말해 보세요.

저는 건강이 안 좋아져서 내일부터 수영하기로 했어요.

말하기 대화1 — 한국 생활 경험 말하기

한국 생활이 처음보다 좋아졌다고 얘기하고 싶습니다. 그때 어떻게 말합니까?

미나: 앤디 씨, 처음 한국에 왔을 때 어떠셨어요?
앤디: 처음 한국에 왔을 때에는 문화가 달라서 힘들었어요.
미나: 지금도 힘드세요?
앤디: 아니요, 지금은 많이 이해하게 됐어요.

다음을 이용해서 대화를 만들어 보세요

문화가 다르다	많이 이해하다
한국말을 잘 못하다	잘하다
듣기가 어렵다	알아듣다
음식이 입에 안 맞다	잘 먹을 수 있다
회사 일을 잘 모르다	잘 할 수 있다

9과 말하기 대화2

격려하기

이번 학기가 끝난 다음에 무엇을 할지 친구와 이야기합니다. 그때 어떻게 말합니까?

파울로: 이번 학기가 끝나면 어떻게 하실 거예요?
한스: 저는 한 학기를 쉬기로 했어요.
　　　파울로 씨는 어떻게 하실 거예요?
파울로: 저는 취직하려고 해요. 그런데 자신이 없어요.
한스: 파울로 씨는 잘 하실 거예요. 걱정하지 마세요.

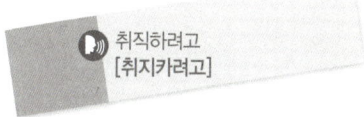
취직하려고
[취지카려고]

한 학기를 쉬다
여행을 떠나다
일을 찾아보다
독일에 돌아가다
계속 한국어를 공부하다

취직하다
사업을 시작하다
다른 나라로 유학을 가다
대학원 시험을 보다
통역 일을 해 보다

9과 말하기 대화3

오랜만에 만난 사람과 인사하기

아주 오랜만에 만난 사람하고 인사합니다. 그때 어떻게 말합니까?

타쿠야 혹시 앤디 씨 아니십니까?
앤디   네, 맞습니다. 실례지만, 누구시지요?
타쿠야 전에 한국어를 공부했을 때 같은 반에서 공부했습니다.
        기억 안 나십니까?
앤디   아! 타쿠야 씨, 오랜만입니다.
타쿠야 정말 반갑습니다.

오랜만입니다
[오랜마닙니다]

한국어를 공부하다	같은 반에서 공부하다
대학교에 다니다	같은 하숙집에서 살다
한국에서 일하다	같은 동네에서 살다
한국에서 살다	같이 잘 놀러 다니다
회사에 다니다	같은 부서에서 근무하다

9과 읽고 말하기

통역사가 되기로 결심했습니다

여러분은 언제 제일 행복했어요?

다음은 박소연 씨의 인생이에요. 박소연 씨는 언제 제일 행복했어요?

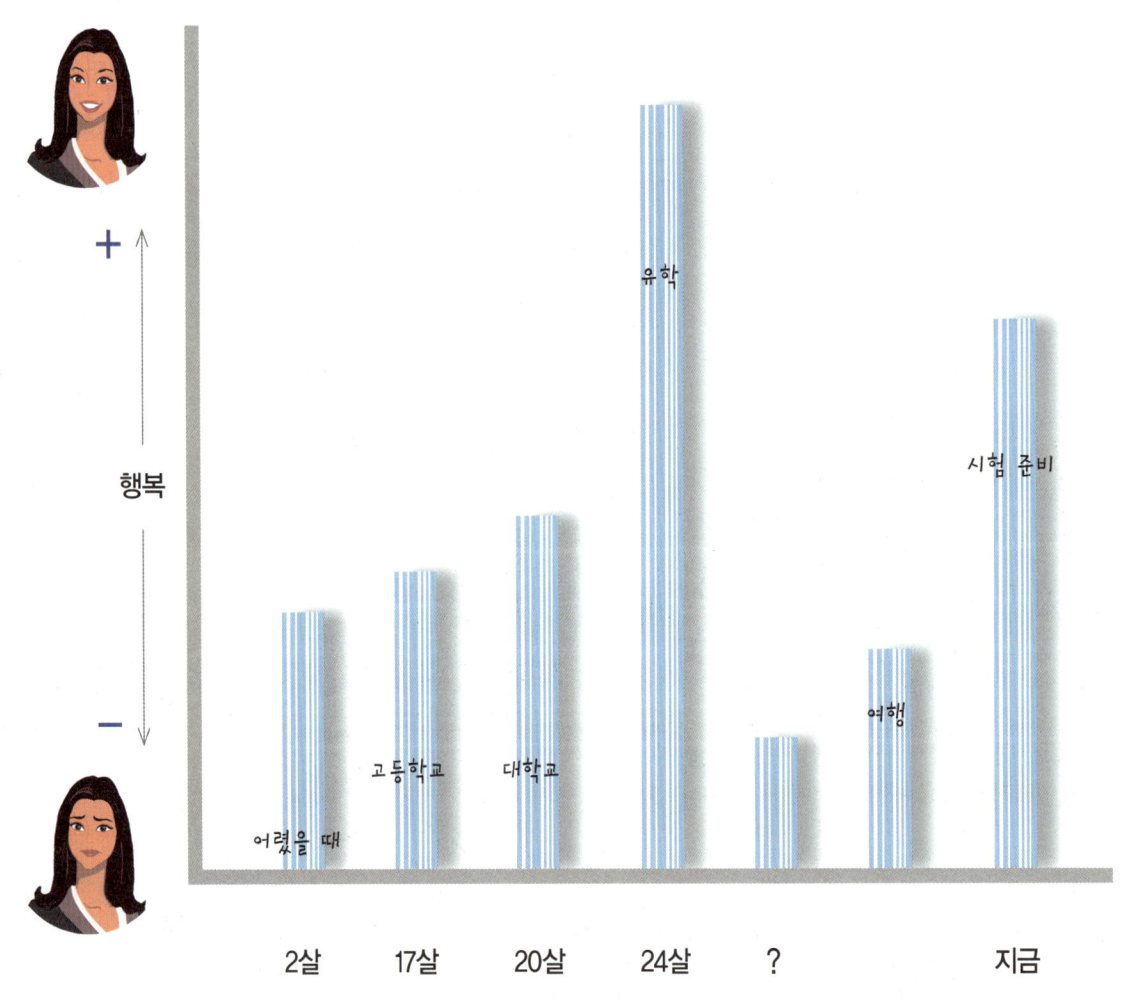

박소연 씨는 언제 제일 힘들었어요?

저는 어렸을 때 몸이 너무 약해서 밖에서 친구들과 놀 수 없었습니다. 그래서 수영을 시작했습니다. 수영을 시작한 다음에 많이 건강해졌습니다. 고등학교에 들어갔을 때 친구도 많이 사귀고 공부도 열심히 했습니다. 저는 특히 외국어 공부를 좋아했습니다.

그때 저는 외국어를 배워서 여러 나라 사람들과 얘기해 보고 싶었습니다. 그래서 열심히 공부해서 가고 싶은 대학교에 들어갔습니다.

대학교에서는 영어와 프랑스어를 전공했습니다. 전공 공부도 열심히 하고 외국인들도 많이 만났습니다. 3학년 때부터 통역 아르바이트를 시작했습니다. 통역하는 일이 즐거워서 통역사가 되기로 결심했습니다.

그래서 대학교를 졸업한 다음에 프랑스에 있는 통역 학교에 가서 공부를 했습니다. 2년 동안 힘들게 공부했습니다. 열심히 공부해서 어려운 시험도 잘 봤습니다.

그런데 마지막에 통역사 시험에 떨어졌습니다.

저는 통역사 시험에 떨어졌을 때 너무 힘들었습니다. 그래서 여행을 떠났습니다. 여행할 때 좋은 사람들을 만나서 인생에 대한 얘기를 많이 했습니다. 그래서 처음에 여행을 시작했을 때에는 마음이 무거웠는데 나중에는 괜찮아졌습니다.

여행이 끝났을 때에는 시험에 대한 나쁜 기억도 다 없어졌습니다. 마음도 가벼워졌습니다. 저는 다시 한 번 시험을 보기로 했습니다.

지금 저는 프랑스에서 통역사 시험을 준비하고 있습니다. 두 번째 보는 시험이지만 이제는 걱정하지 않습니다. 인생에서 제일 중요한 것은 즐겁게 사는 것이라고 생각합니다.

9과 읽고말하기

p 169

가 맞으면 O, 틀리면 × 하십시오.

1. 소연 씨는 어렸을 때 몸이 약했습니다. ( )
2. 고등학교 때 외국어 공부를 싫어했습니다. ( )
3. 대학생 때 통역 아르바이트를 했습니다. ( )
4. 통역 학교에 들어가서 열심히 공부했습니다. ( )
5. 통역사 시험에 떨어졌습니다. ( )

p 170

6. 여행이 끝난 다음에 마음이 무거워졌습니다. ( )
7. 즐겁게 사는 것이 인생에서 제일 중요하다고 생각합니다. ( )

나 묻고 대답하십시오.

1. 소연 씨 고등학교 생활은 어땠습니까?
2. 소연 씨는 대학교에 들어가서 어떻게 생활했습니까?
3. 소연 씨는 왜 여행을 떠났습니까?
4. 소연 씨는 여행을 시작한 후에 어떻게 달라졌습니까?
5. 소연 씨는 지금 어떻게 지내고 있습니까?

다 소리 내서 읽으십시오. `끊어 읽기`

- 여행할 때 좋은 사람들을 만나서 인생에 대한 얘기를 많이 했습니다. 그래서 처음에 여행을 시작했을 때에는 마음이 무거웠는데 나중에는 괜찮아졌습니다.

라 다음을 이용해서 내용을 요약하십시오.

대학교 / 다니다 / 열심히 / 공부하다 / 외국인 / 많이 / 만나다
통역하다 / 일 / 즐겁다 / 통역사 / 되다 / 결심하다
시험 / 떨어지다 / 너무 / 힘들다 / 여행 / 떠나다
처음 / 여행 / 시작하다 / 마음 / 무겁다 / 나중 / 괜찮다
즐겁다 / 살다 / 인생 / 제일 / 중요하다 / 생각하다

마 해 봅시다.

인생에서 제일 힘들었을 때를 이야기해 보세요.

바 써 봅시다.

p168표를 이용해서 여러분의 인생 이야기를 써 보세요.

9과 듣고말하기

친구들하고 헤어져서 섭섭해요

어떤 사람하고 헤어질 때 섭섭해요? 어떤 사람하고 헤어질 때 기뻐요?

여기가 어디인 것 같아요?
한스 씨와 소라 씨는 왜 여기에 있을까요?

소라 씨가 공항에 한스 씨를 배웅 나갔습니다. 두 사람이 무슨 이야기를 해요? CD 62

가 알맞은 답을 고르십시오.

한스 씨가 뭐라고 했어요?

1. 한스 씨는 친구들하고 헤어져서
   ㉮ 기쁘다고 했어요.
   ㉯ 섭섭하다고 했어요.

2. 한스 씨는 언제가 제일 기억에 남는다고 했어요?
   ㉮ 길을 잃어버렸을 때
   ㉯ 처음 한국말을 공부했을 때

3. 한스 씨가 처음 한국에 왔을 때에는
   ㉮ 한국어를 잘 못했는데 지금은 잘하게 됐어요.
   ㉯ 한국 음식을 하나도 못 먹었는데 지금은 잘 먹을 수 있게 됐어요.

4. 한스 씨는 독일에 가서
   ㉮ 한국어 학교에 다니기로 했어요.
   ㉯ 무엇을 할지 정하기로 했어요.

5. 한스 씨는 독일에 가면 현우 씨한테
   ㉮ 소라 씨 안부를 전하겠다고 했어요.
   ㉯ 소라 씨 선물을 전하겠다고 했어요.

나 묻고 대답하십시오.

1. 한스 씨는 한국을 떠나는 느낌이 어떻다고 했어요?
2. 한스 씨는 한국 생활 중에서 뭐가 제일 기억에 남는다고 했어요?
3. 한스 씨는 학교 생활에 대해서 어떻게 말했어요?
4. 한스 씨는 앞으로 어떤 계획이 있어요?
5. 두 사람이 헤어질 때 어떻게 인사했어요?

다 잘 듣고 빈칸을 채우십시오. CD 63

소라 : 현우 씨 만나면 ① _____ 전해 주세요.
한스 : 네, 전해 드릴게요. 소라 씨, 이제 가야겠어요.
소라 : 그럼, 메일 보낼게요. 안녕히 가세요.
한스 : 저도 ② _____. 안녕히 계세요.

라 잘 듣고 따라하십시오. 끊어 말하기 CD 64

- 제가 처음 한국에 왔을 때 길을 잃어버린 적이 있어요.
  그때 도와준 학생이 제일 생각나요.
- 학교에서 좋은 친구도 많이 사귀고 재미있는 일도 많았어요.

마 다음 요약문을 완성하십시오.

소라 씨는 한스 씨한테 (ㅇ　　　)를 하려고 공항에 나왔습니다. 한스 씨는 고향에 돌아가는 것은 기쁘지만 친구들하고 헤어져서 (ㅅ　　　)고 했습니다. 한스 씨는 처음에 한국어를 잘 못했는데 이제는 잘하게 됐습니다. 한스 씨는 한국어 공부가 처음에는 (ㅎ　　　)지만 나중에는 재미있는 일도 많았다고 했습니다. 헤어질 때 소라 씨는 메일을 보내겠다고 했습니다. 한스 씨도 독일에 가서 (ㅇ　　　)하겠다고 했습니다.

바 해 봅시다.

역할극
여러분이 한국을 떠나는 날 친구가 공항에
배웅 나왔습니다.
시간이 있어서 친구하고 커피숍에 갑니다.
한국 생활, 한국어 공부, 계획에 대해서
얘기해 보세요.

사 써 봅시다.

한국 생활에서 제일 기억에
남는 것에 대해서 써 보세요.

학습 목표

문법

1. -았/었을 때
   A 처음 한국에 왔을 때 어떠셨어요?
   B 말이 안 통해서 힘들었어요.

2. -게 되다 ①
   A 어떻게 한국어를 잘 하게 됐어요?
   B 매일 한국 친구하고 연습했어요.

3. -기로 했어요 ②
   A 이번 학기가 끝나면 어떻게 하실 거예요?
   B 저는 고향으로 돌아가기로 했어요.

단어 표현

■ 동사   ▲ 형용사   ● 명사   ◆ 부사   □ 기타/표현

대화
- ■ 근무하다
- ■ 기억나다
- ■ 돌아가다
- ■ 알아듣다
- ■ 대학원
- ■ 기억나다
- ● 통역
- □ 놀러 다니다
- □ 유학을 가다
- □ 일을 잘 모르다
- □ 자신이 없다
- □ 한 학기를 쉬다
- □ 기억 안 나십니까?
- □ 누구시지요?
- □ 오랜만입니다.
- □ 잘 하실 거예요.

읽고 말하기
- ■ 결심하다
- ■ 없어지다
- ▲ 즐겁다
- ● 기억
- ● 두 번째
- ● 마지막
- ● 외국인
- ● 인생
- ● 통역사
- ● 프랑스어
- ◆ 특히
- □ 마음이 무겁다
- □ 시험에 떨어지다

듣고 말하기
- □ 나와 줘서 고마워요.
- □ 덕분이에요.
- □ 메일 보낼게요.
- □ 아직 모르겠어요.
- □ 안부 전해 주세요.
- □ 연락할게요.
- □ 이제 가야겠어요.
- □ 차 한잔해요.
- □ 참!
- □ 헤어져서 섭섭해요.

p 34

말하기

1. 처음 한국에 왔을 때 어땠어요? 지금은 어떻게 달라졌어요?

2. 요즘 새로 결심한 것이 있어요? 왜 그 결심을 했어요?

Listening Script
듣기 대본

Listening Script 듣기 대본

1   p 32   CD 6

여기 한스 씨 가방을 가져왔어요

민수	저, 실례지만, 여기 한스 씨 계세요?
제니	한스 씨요? 지금 안 계신데요.[1]
	실례지만 누구세요?
민수	저는 이민수라고 하는데요.[2]
	여기 한스 씨 가방을 가져왔어요.
제니	한스 씨 가방이요?[3]
민수	네. 가방이 바뀌었어요. 컴퓨터실에서 한스 씨가 제 가방을 가져갔어요.
	제 가방이 한스 씨 가방하고 똑같이 생겼어요.
제니	그래요? 한스 씨는 아까 나갔는데요.
	오늘 수업이 다 끝났으니까 다시 안 올 거예요.
민수	그럼, 핸드폰으로 연락할 수 있을까요?
제니	제가 전화해 볼게요. 어! 이 가방에서 소리가 나요.
민수	어떻게 하지요? 오늘 제 가방을 꼭 찾아야 해요.
	그 가방 안에 중요한 서류가 있어요.
제니	그럼, 학생 식당으로 가 보세요.
	한스 씨는 보통 거기에서 점심 식사해요.
민수	한스 씨가 오늘 어떤 옷을 입으셨어요?
제니	음……, 하늘색 체크무늬 셔츠하고 회색 바지를 입었어요.
	한스 씨는 키가 크고 머리가 짧아요.
민수	그분이 미국에서 온 분이세요?
제니	아니요. 독일 사람이에요.
민수	그런데 식당에서 못 만나면 어떻게 하지요?
제니	그러면 한스 씨가 다니는 회사로 전화해 보세요.
	한스 씨는 오후에 회사에 가요.
	제가 회사 전화번호를 가르쳐 드릴게요.
	여기 있어요.
민수	감사합니다. 안녕히 계세요.
제니	안녕히 가세요.

1) -은데요 2) -이라고 하는데요 3) -이요?

2   p 49   CD 13

왜 이렇게 길이 막힐까요?

한스	제니 씨, 타세요.
제니	네.
한스	제니 씨, 그거 결혼 선물이에요?
제니	네. 히로미 씨한테 주려고 커피잔 세트를 샀어요.
	한스 씨는요?[1]
한스	저는 돈을 준비했어요.
제니	그래요? 그런데 제임스 씨는 결혼식에 안 가요?
한스	어제 제임스 씨가 전화해서 결혼식에 못 간다고 했어요.
제니	네. 제임스 씨가 요즘 일이 많은 것 같아요.
한스	그럼, 이제 출발합시다.
제니	왜 이렇게 길이 막힐까요?
한스	글쎄요, 교통사고가 난 것 같아요.
제니	교통사고요? 제 생각에는 길을 공사하는 것 같아요.
한스	공사요?
제니	어휴(=어유)! 결혼식이 시작하기 전에 히로미 씨를 만나야 하는데요.
한스	지금 11시 30분이니까 결혼식 전에 갈 수 있을 거예요. 좀 기다려 봅시다.
제니	할 수 없지요.
한스	그런데 히로미 씨 신랑이 뭐 하는 분이에요?
제니	KT에서 일하는 분이라고 들었어요.
	히로미 씨가 회사에 다닐 때 만났다고 해요.
한스	아, 그래요?
제니	어! 한스 씨, 차들이 움직여요.
한스	네. 이제 빨리 갈 수 있을 거예요.
제니	11시 50분이에요. 늦지 않을까요?
한스	근처에 다 왔으니까 너무 걱정하지 마세요.
제니	어! 저기 결혼식장이 보여요.
한스	그래요. 10분 남았으니까 빨리 갑시다.

* KT : Korea Telecom

1) -는요?

3   p 68   CD 20

소라한테는 비밀로 하자

유리	민수야, 이번 주 토요일에 시간 있어?
민수	어, 왜?
유리	이번 토요일이 소라 생일이야.
민수	그래?
유리	그러니까 그날 다른 친구들하고 같이 파티를 준비하자.
민수	좋아.
유리	그런데 소라한테는 비밀로 하자. 어때?
민수	음……. 재미있을 것 같아. 그런데 파티는 어디에서 할까?
유리	소라 하숙집에서 하면 좀 불편할 것 같아.

178

민수	어, 우리 집은 학교에서 멀어서 안 좋을 것 같아.
유리	그럼, 우리 집이 크니까 우리 집에서 하자.
민수	그래. 그게 좋을 것 같아.
유리	그리고 미나가 요리를 잘 하니까 음식은 미나한테 부탁하자.
민수	그럼, 나는 케이크를 준비할게. 음료수는 지훈이한테 부탁해 보자.
유리	좋아.
민수	그런데 소라를 어떻게 데려오지?
유리	내가 그날 소라한테 영화 보자고 할게. 그리고 영화 본 다음에 우리 집에서 같이 저녁 먹자고 할게.
민수	좋아. 파티는 몇 시에 시작할까?
유리	6시쯤이 어때?
민수	그래. 6시에 시작하자.
유리	그리고 소라한테 기억에 남는 선물을 해 주자. 앨범을 만들어 주는 게 어때?
민수	앨범?
유리	우리들하고 같이 찍은 사진으로 앨범을 만들자.
민수	좋은 생각이야!

p 86
CD 27

딸 부잣집이에요

앤디	미나 씨, 이게 무슨 사진이에요?
미나	이모들 사진이에요.
앤디	이모가 많아요.
미나	네. 우리 엄마 집은 딸이 네 명 있는 딸 부잣집이에요.
앤디	딸 부잣집요?
미나	딸이 많은 집을 딸 부잣집이라고 해요.
앤디	네. 그런데 이 남자 분은 누구세요?
미나	외삼촌이세요.
앤디	외삼촌은 무슨 일을 하세요?
미나	작년까지 무역 회사에 다니셨는데 지금은 개인 사업을 하세요.
앤디	여기 안경을 쓰고 계신¹⁾ 분이 미나 씨 어머니세요? 미나 씨하고 많이 닮았어요.
미나	아니에요. 그분은 목동 이모세요.
앤디	목동 이모요? 이모 이름이 목동이세요?
미나	아니요. 그 이모가 목동에 사세요. 그래서 목동 이모라고 불러요. 그분이 첫째 이모세요.
앤디	아, 그래요? 그럼, 그 앞에 앉아 계신 분이 어머니세요?
미나	체크무늬 옷을 입고 계신 분이요?
앤디	네.
미나	부산 이모세요. 그분은 둘째 이모세요. 그 옆이 우리 어머니세요.
앤디	스카프를 하고 계신 분이요?
미나	네. 어머니가 셋째 딸이세요.
앤디	한국에서는 딸 중에서 셋째 딸이 제일 예쁘다고 들었어요. 맞아요?
미나	네, 맞아요. 어떻게 아세요?
앤디	친구가 얘기해 줬어요. 그럼, 여기 머리가 긴 분은?
미나	잠실 이모세요.
앤디	목동 이모, 부산 이모, 잠실 이모. 정말 재밌어요(=재미있어요). 미나 씨도 셋째 딸이지요?
미나	네. 어떻게 아셨어요?
앤디	미나 씨가 예쁘니까요.
미나	네?

1) -고 계신

p 104
CD 34

건강을 지키는 방법을 알아보겠습니다

진행자	여러분 안녕하세요? 여러분은 아침에 일어나는 것이 힘들지 않으세요? 오후가 되면 많이 피곤하지 않으세요? 오늘은 건강을 지키는 방법을 알아보겠습니다. 제 옆에는 유명한 소프라노 가수 조수미 씨가 나오셨습니다. 안녕하세요? 조수미 씨.
조수미	네, 안녕하세요.
진행자	나와 주셔서 감사합니다. 조수미 씨는 공연 때문에 항상 바쁘시지요? 그래도 언제나 아름다우시고 건강하세요.
조수미	감사합니다.
진행자	건강을 위해서 특별히 하시는 거 있으세요?
조수미	저는 잘 자는 것이 제일 중요하다고 생각해요. 그래서 하루에 여덟 시간씩 자요. 그리고 매일 같은 시간에 자고 같은 시간에 일어나요.
진행자	그러세요? 그럼, 식사는 어떻게 하세요?
조수미	아침을 꼭 먹어요. 또 식사를 할 때에는 천천히 먹어요.
진행자	조수미 씨는 식사를 할 때에 보통 어떤 음식을 잘 드세요?
조수미	저는 고기보다 야채를 더 좋아해요.

진행자	네. 조수미 씨도 스트레스를 받을 때가 있으시지요?
조수미	글쎄요, 저는 스트레스를 별로 안 받아요.
진행자	그럼, 몸이 피곤할 때에는 어떻게 하세요?
조수미	몸이 피곤하면 조금 낮잠을 자요.
	그러면 잠깐만 자도 피로가 풀려요.
	또 많이 피곤한 날은 집에 돌아가서 발 마사지를 해요.
진행자	발 마사지요?
조수미	네. 발이 피곤하면 몸도 피곤해요.
	그래서 발을 마사지해 주면 피로가 풀려요.
진행자	네, 그렇군요. 잠깐 음악을 듣고 얘기를 계속하겠습니다.

⑥ p 120 CD 41

좋은 곳 좀 추천해 주세요

민수	제니 씨, 이번 시험 끝나고 뭐 할 거예요?
제니	여행을 가려고 해요.
민수	네. 어디로 갈 거예요?
제니	아직 못 정했어요. 민수 씨가 좋은 곳을 좀 추천해 주세요.
민수	음……, 얼마 동안 여행하고 싶어요?
제니	한 3~4일쯤 생각하고 있어요.
민수	그럼, 동해에 한번 가 보세요. 동해에 가면 바다에서 수영할 수 있어요.
	그리고 돌아올 때 설악산에도 들를 수 있어요.
	동해는 여름 휴가 때 제일 인기 있는 곳이에요.
제니	그럼, 지금쯤 사람이 많지 않을까요?
민수	지금이 7월 말이니까 많을 거예요.
제니	사람이 많으면 복잡해서 싫어요.
	저는 조용한 곳에 가고 싶어요.
민수	그럼, 선운사는 어때요?
제니	선운사요? 선운사가 어디에 있어요?
민수	전라도에 있어요. 선운사는 조용하니까 마음에 들 거예요.
	그리고 선운사에 들어가는 길도 참 멋있어요.
제니	선운사는 어떻게 가요?
민수	거기에 가려면¹⁾ 버스를 갈아타야 돼요.
	차가 없으면 갈 때 시간이 많이 걸려요.
제니	교통이 불편하면 가고 싶지 않아요.
	좀 쉽게 갈 수 있는 곳은 없어요?
민수	그럼, 경주에 가는 게 어때요? 거기는 쉽게 갈 수 있어요.
	그리고 한국 역사도 배울 수 있어요.
	또 여름 휴가 때에는 사람이 많지 않아서 조용해요.
제니	경주는 가 본 적이 있어요. 안 가 본 곳에 가 보고 싶어요.
민수	그러세요? 그럼, 남해는 어때요? 남해에 가 보셨어요?
제니	아니요. 남해는 뭐가 좋아요?
민수	배를 타고 섬들을 구경해 보세요.
	경치가 정말 아름다워요. 신선한 회도 먹을 수 있어요.
제니	민수 씨, 저는 멀미를 해서 배는 타고 싶지 않아요.
민수	어휴(=어유)! 동해도 싫고, 선운사도 싫고,
	경주도 싫고, 남해도 싫고……
	그럼, 그냥 제주도에 가세요.

1) -으려면

⑦ p 138 CD 48

돌잔치 때 뭐 집었어요?

미나	앤디 씨, 일요일에 뭐 하셨어요?
앤디	아기 생일 잔치에 갔다 왔어요.
미나	누구 아기요?
앤디	옆집에 사는 사람 아기요. 돌잔치라서 손님들이 많았어요.
미나	그래요? 재밌었어요(=재미있었어요)?
앤디	네. 재미있는 구경을 많이 했어요.
	그런데 아기 생일 잔치를 항상 크게 해요?
미나	아니요. 첫 번째 생일 잔치만 크게 해요.
앤디	그렇군요.
미나	그런데 앤디 씨, 돌잔치 때 보통 무슨 선물하는지 아세요?
앤디	어제 봤어요. 금반지요.
미나	맞아요. 앤디 씨도 어제 금반지를 선물했어요?
앤디	아니요. 저는 장난감을 선물했어요.
미나	네. 요즘에는 장난감도 많이 해요.
	또 돈을 주는 사람도 많아요. 돌잔치는 어땠어요?
앤디	좋았어요. 그런데 아기 상에 여러 가지 물건들이 있었어요.
	왜 아기 앞에 그런 물건들을 놓아요?
미나	아기가 집는 것이 있지요? 아기가 나중에 어떻게
	살지 알아보려고 그런 것을 해요. 아기가 뭐 집었어요?
앤디	연필이요.
미나	그럼, 아기가 나중에 공부를 잘 하겠어요.
앤디	아, 연필을 집으면 나중에 공부를 잘 해요?
미나	네. 혹시¹⁾ 돈을 집으면 어떻게 되는지 아세요?
앤디	부자가 될 것 같은데요.
미나	맞아요. 돈을 잘 번다고 해요.
앤디	실은요?
미나	실을 집으면 오래 산다고 해요.
앤디	재미있어요. 미나 씨는 돌잔치 때 뭐 집었어요?
미나	실이요.
앤디	그럼, 오래 살겠어요.
미나	그래서 제가 공부는 못 해요.
앤디	……

1) 혹시

p 155
CD 55

자기소개를 해 보십시오

면접관	들어오십시오.
이수정	안녕하십니까? 저는 이수정이라고 합니다.
면접관	안녕하십니까? 자리에 앉으십시오.
이수정	네, 감사합니다.
면접관	이수정 씨, 짧게 자기소개를 해 보십시오.
이수정	네. 저는 한국 대학교에서 역사를 전공했습니다. 그리고 대학교에 다닐 때부터 승무원이 되려고 외국어를 배웠습니다. 또 여행을 좋아해서 대학생 때 여행을 많이 했습니다.
면접관	몇 개 국어를 할 줄 아십니까?
이수정	영어하고 일본어, 중국어를 할 줄 압니다.
면접관	이수정 씨는 왜 승무원이 되려고 하십니까?
이수정	저는 여행을 아주 좋아하고, 사람들을 만나서 얘기하는 것도 좋아합니다. 그래서 이 일을 하고 싶습니다.
면접관	네. 이수정 씨의 장점을 말씀해 주십시오.
이수정	저는 성격이 밝습니다. 또 일을 빨리 배웁니다.
면접관	좋습니다. 승무원은 어때야 한다고 생각하십니까?
이수정	친절해야 합니다. 사람들을 많이 만나는 직업이니까 친절이 제일 중요하다고 생각합니다.
면접관	이수정 씨는 이 직업의 단점이 뭐라고 생각하십니까?
이수정	글쎄요. 비행기 여행을 많이 하니까 건강을 조심해야 한다고 생각합니다.
면접관	좋습니다. 면접을 끝내겠습니다.
이수정	감사합니다. 안녕히 계십시오.
면접관	안녕히 가십시오.

p 172
CD 62

친구들하고 헤어져서 섭섭해요

소라	한스 씨!
한스	소라 씨, 공항에 왜 나오셨어요?
소라	인사하려고 나왔어요.
한스	나와 줘서 고마워요. 아직 시간이 남았으니까 차 한잔해요.
소라	네, 좋아요. 친구들한테 다 인사하셨어요?
한스	네. 다 만났어요. 고향에 돌아가는 것은 기쁘지만, 친구들하고 헤어져서 섭섭해요.
소라	한스 씨는 한국 생활 중에서 뭐가 제일 기억에 남으세요?
한스	음……, 제가 처음 한국에 왔을 때 길을 잃어버린 적이 있어요. 그때 도와준 학생이 제일 생각나요.
소라	네. 처음 한국에 왔을 때에는 한국어를 잘 못해서 힘들었지요? 그런데 지금은 이렇게 잘 하게 됐어요.
한스	친구들 덕분이에요.
소라	아니에요! 한스 씨가 열심히 공부하셨어요. 공부가 힘들지 않았어요?
한스	처음에는 힘들었어요. 하지만 학교에서 좋은 친구도 많이 사귀고 재미있는 일도 많았어요.
소라	독일에 가면 뭐 하실 거예요?
한스	아직 모르겠어요. 독일에 가서 정하기로 했어요.
소라	한국어 공부는 계속 하실 거예요?
한스	네. 독일에 한국 친구가 있으니까 그 친구하고 계속 연습할 거예요.
소라	참! 현우 씨가 베를린 대학교에 갔다고 들었어요.
한스	네. 베를린에 가서 만날 거예요.
소라	현우 씨 만나면 안부 전해 주세요.
한스	네, 전해 드릴게요. 소라 씨, 이제 가야겠어요.
소라	그럼, 메일 보낼게요. 안녕히 가세요.
한스	저도 연락할게요. 안녕히 계세요.

Listening Script

1   p 32   CD 6

Here, I brought Hans' bag.

Minsu	Um, excuse me. Is Hans here?
Jenny	Hans? He's not here right now. Excuse me, but can you tell me who you are?
Minsu	I'm Minsu Lee. Here, I brought Hans' bag.
Jenny	Hans' bag?
Minsu	Yes, our bags were switched. Hans took my bag in the computer lab. Our bags look exactly the same.
Jenny	Really? Hans just went out a little while ago. School is over. So he probably won't come back.
Minsu	Then, can you call him on his cell phone?
Jenny	I'll call him. Oh! The sound is coming from this bag.
Minsu	What should I do? I really need to find my bag today. There are some important documents inside.
Jenny	Well, please go to the student cafeteria. Hans usually eats lunch there.
Minsu	What kind of clothes is Hans wearing today?
Jenny	Um, he's wearing a sky-blue checkered shirt and gray-colored pants. Hans is tall and has short hair.
Minsu	Is he from America?
Jenny	No, he's German.
Minsu	But if I can't find him in the cafeteria what should I do?
Jenny	Then, please call the company where Hans works. Hans goes to his office in the afternoon. I'll give you the phone number of his company. Here's the number.
Minsu	Thank you. Goodbye.
Jenny	Goodbye.

2   p 49   CD 13

Why is this road so congested?

Hans	Hi! Jenny, get in.
Jenny	Okay.
Hans	Jenny, is that a wedding present?
Jenny	Yes. I bought a set of coffee cups to give to Hiromi. How about you?
Hans	I have decided to give money as my gift.
Jenny	Oh, really? By the way, is James not coming to the wedding?
Hans	Yesterday James called me and said he couldn't go to the wedding.
Jenny	It looks like James has been busy these days.
Hans	Well, let's get going.
Jenny	Why is this road so congested?
Hans	Well, it seems there's been a traffic accident.
Jenny	A traffic accident? I think it seems more like the road is under construction.
Hans	Roadwork?
Jenny	Oh, my! I have to see Hiromi before the wedding starts.
Hans	It's 11:30 right now, so I think we'll be able to get there before the wedding starts. Let's wait a little more.
Jenny	We have no other choice.
Hans	By the way, what does Hiromi's soon-to-be-husband do?
Jenny	I heard he works at KT. Hiromi said she met him when she was working at the company.
Hans	Oh, really?
Jenny	Oh, Hans, the cars are moving again.
Hans	Yes, we should be able to get there on time.
Jenny	It's 11:50. Won't we be late?
Hans	We're almost there, so don't worry too much.
Jenny	Oh, I can see the wedding hall over there.
Hans	Yes. There's only 10 minutes left, so let's step on it.

* KT : Korea Telecom

3   p 68   CD 20

Let's keep this secret from Sora.

Yuri	Minsu, are you free this Saturday?
Minsu	Yeah, Why?
Yuri	This Saturday is Sora's birthday.
Minsu	Really?
Yuri	Yeah, so let's plan a party with some other friends.
Minsu	Okay.
Yuri	But, let's make it a surprise party. How does that sound?
Minsu	Yeah... It'll be fun. But where should the party be?
Yuri	If we have it at Jenny's boarding house, it will probably be inconvenient.
Minsu	Yeah... My house is far from school, so it doesn't

	seem like a good place.
Yuri	Well, my house is big, so let's have it there.
Minsu	Okay. That sounds good.
Yuri	And since Mina is good at cooking, let's ask her to cook.
Minsu	Then I'll bring the cake. Let's ask Jihoon to take care of the drinks.
Yuri	Okay.
Minsu	Well, how are we going to bring Sora to the party?
Yuri	On that day I'll ask Sora to go to see a movie with me. And after we see a movie, I'll ask her to have dinner together at my house.
Minsu	Sounds good. What time should the party start?
Yuri	How about around 6?
Minsu	Okay. Let's start at 6.
Yuri	And let's give Sora a memorable present. How about making an album?
Minsu	An album?
Yuri	Let's make an album with the pictures we've taken together.
Minsu	That's a good idea.

    p 86   CD 27

My mother's family is a "daughter-rich" family.

Andy	Mina, what picture is this?
Mina	It's a picture of my maternal aunts.
Andy	Wow! You have a lot of aunts.
Mina	Yes. My mother's family is a "daughter-rich" family of four daughters.
Andy	A "daughter-rich" family?
Mina	A family with lots of daughters is called a "daughter-rich" family.
Andy	I see. And who is this man?
Mina	He's my (maternal) uncle.
Andy	What does your uncle do?
Mina	Up until last year he worked at a trading company, but now he has his own business.
Andy	Is the lady wearing glasses your mother? She really looks like you.
Mina	No. she is my Mok-dong aunt.
Andy	Mok-dong aunt? Is your aunt's name Mok-dong?
Mina	No, that aunt lives in Mok-dong. So I call her Mok-dong aunt.
	She's my eldest aunt.
Andy	Oh, really? Well, is the lady sitting in front of her your mother?
Mina	The one wearing checkered clothes?
Andy	Yes.
Mina	That's my Busan aunt. She's my second oldest aunt. Next to her is my mother.
Andy	The one wearing a scarf?
Mina	Yes. My mother is the third daughter.
Andy	I heard that in Korea the third daughter is the prettiest. Is that right?
Mina	Yes. that's right. How did you know that?
Andy	My friend told me. Well, who is this lady with long hair?
Mina	That's my Jamsil aunt.
Andy	Mok-dong aunt, Busan aunt, Jamsil aunt. That's really interesting. Mina, aren't you the third daughter too?
Mina	Yes, how did you know?
Andy	Because you're pretty.
Mina	Huh?

p104   CD 34

We're going to talk about some ways to stay healthy.

Radio DJ	Hello, everyone. Isn't it difficult to wake up in the morning? Aren't you very tired in the afternoon? Today we're going to talk about some ways to stay healthy. Next to me is the famous soprano singer Sumi Jo. Hello, Sumi.
Sumi	Hello.
DJ	Thank you for joining us. You're always busy because of your performances, aren't you? Even so, you have been still beautiful and healthy.
Sumi	Thank you.
DJ	Do you have any special things you do to maintain good health?
Sumi	I think the most important thing is to sleep well. So, I sleep eight hours a day. And I go to sleep at the same time, and wake up at the same time every day.

183

DJ	Really? Then, what do you usually eat?
Sumi	I always eat breakfast. And I eat slowly.
DJ	What kinds of foods do you like?
Sumi	I like vegetables more than meat.
DJ	I see. You must have some stressful days, too?
Sumi	Well. I don't really get stressed.
DJ	Then, what do you do when you're tired?
Sumi	If I'm tired, I take a short nap. Even if you sleep for just a little while, it relieves your fatigue. When I'm really tired, I get a foot massage at home.
DJ	Foot massage?
Sumi	Yes. if your feet are tired, your body is tired. So, if you massage your feet, you will recover from fatigue.
DJ	I see. Let's listen to some music for a short time and then continue our talk.

6 Please recommend a good place to me.

p 120 CD 41

Minsu	Jenny, what are you going to do after this exam period is over?
Jenny	I plan to take a trip.
Minsu	Where are you going to go?
Jenny	I haven't decided yet. Please recommend a good place to me.
Minsu	Um, how long do you want to travel?
Jenny	About 3 or 4 days.
Minsu	Then, why don't you go to the east coast. If you go to the east coast, you can swim at the beach. And you can stop by Seorak Mountain on your way back. The east coast is the most popular place during summer vacation.
Jenny	Then, aren't there a lot of people at this time?
Minsu	It's the end of July now, so there will be a lot.
Jenny	I don't like crowded places. I want to go somewhere quiet.
Minsu	Then, what about Seon-un Temple?
Jenny	Seon-un Temple? Where is it?
Minsu	It's in Jeolla Province. It is quiet, so you'll probably like it. Also, the road that leads there is really scenic.
Jenny	How do you get there?
Minsu	You have to transfer buses. If you don't have a car, it takes many hours.
Jenny	If the transportation is complicated, I don't want to go there. Isn't there a place I can get to easily?
Minsu	Then, what about going to Gyeong-ju? You can get there easily. And you can learn Korean history there. Also, during summer vacation, there are not many people there, so it's quiet.
Jenny	I've been to Gyeong-ju. I want to go somewhere I've never been.
Minsu	Oh, you have? Then, what about the south coast? Have you been to the south coast?
Jenny	No. What's good about the south coast?
Minsu	You can go sightseeing on a boat around the islands. The scenery is really beautiful. And you can eat fresh raw fish.
Jenny	Minsu, I get seasick so I don't want to get on a boat.
Minsu	You don't like the east coast, you don't like Seon-un Temple, you don't like Gyeong-ju, and you don't like the south coast... Then just go to Jeju Island!

7 What did the baby choose at his first birthday celebration?

p 138 CD 48

Mina	Andy, what did you do on Sunday?
Andy	I went to a baby's birthday celebration.
Mina	Whose baby?
Andy	The baby of the person who lives next door. It was his first birthday celebration, so there were a lot of people.
Mina	Really? Was it fun?
Andy	Yes, I saw a lot of interesting things. Are baby birthday parties always that big?
Mina	No, only the first birthday is big.
Andy	I see.
Mina	Well, Andy, do you know what kinds of presents are given to the baby on first birthday celebrations?
Andy	Yes, I saw people giving a gold ring to the baby yesterday.
Mina	That's right. Did you give a gold ring to the baby yesterday, too?
Andy	No, I gave him a toy.
Mina	Nowadays people also bring toys. Many people bring some money, too. How was the celebration?
Andy	It was good. But on the baby's table there were

	several things. Why do you put those things in front of the baby?
Mina	The baby picked up one of the things, right? We do it to see how the baby will live his or her life later on. What did the baby pick up?
Andy	A pencil.
Mina	Then, later the baby will be good at studying.
Andy	Oh, if the baby picks up a pencil, he or she will be good at studying?
Mina	Yes, how about if the baby picks up money?
Andy	I would guess that he or she will be rich.
Mina	Right. People say he or she will earn a lot of money.
Andy	And thread?
Mina	If the baby picks up thread, people say he or she will live long.
Andy	It's fun. Mina, what did you pick up at your first birthday celebration?
Mina	Thread.
Andy	Then, you'll live long.
Mina	That's why I'm bad at studying!
Andy	….

p 155
CD 55

Introduce yourself.

Interviewer	Please come in.
Su-jeong	Hello. I'm Su-jeong Lee.
Interviewer	Hello. Please sit down.
Su-jeong	Thank you.
Interviewer	Ms. Lee, please briefly introduce yourself.
Su-jeong	Yes. I majored in history at Han-guk University. And I've been studying foreign languages since college in order to become a flight attendant. Also, I like traveling so I went on a lot of trips in college.
Interviewer	How many languages can you speak?
Su-jeong	I can speak English, Japanese, and Chinese.
Interviewer	Ms. Lee, why do you want to be a flight attendant?
Su-jeong	I really like traveling and meeting and talking with people. That's why I want to become a flight attendant.
Interviewer	Okay. Please tell me about your strong points.
Su-jeong	I have a cheerful personality, and I learn things quickly.
Interviewer	Good. What do you think flight attendants must be like?
Su-jeong	They must be kind. The job involves meeting many people, so I think kindness is most important.
Interviewer	What do you think are the drawbacks of this job?
Su-jeong	Well, I think you must take care of your health because of so much plane travel.
Interviewer	Good. The interview is over.
Su-jeong	Thank you. Goodbye.
Interviewer	Goodbye.

p 172
CD 62

I am sad to leave my friends.

Sora	Hans!
Hans	Sora, I can't believe you came to the airport!
Sora	I came to say goodbye.
Hans	Thanks for coming. There's still some time left, so let's have some tea.
Sora	Good. Did you say goodbye to all your friends?
Hans	Yes, I met them all. I'm happy to be going home, but sad to leave my friends here.
Sora	Hans, what is the most memorable of all your experiences in Korea?
Hans	Um, when I first came to Korea, I got lost once. The student who helped me at that time comes to mind first.
Sora	I see. When you first came to Korea you couldn't speak Korean well, so you had a lot of difficulty, right? But now look how much you've improved.
Hans	Thanks to my friends!
Sora	No. You made a lot of effort yourself. Wasn't it hard to study?
Hans	At first it was hard. But I made a lot of good friends at school, and I had a lot of fun too.
Sora	What will you do when you go to Germany?
Hans	I don't know yet. I'll decide when I get there.
Sora	Will you continue to study Korean?
Hans	Yes, I have one Korean friend in Germany, so I'll keep studying with him.
Sora	Oh! I heard that Hyeon-woo is studying at Berlin University.
Hans	Yes, I'm going to Berlin and I will see him.
Sora	Give my regards to him if you see him.
Hans	Yes, I will. Sora, I have to leave now.
Sora	Well, I'll send you an e-mail. Goodbye!
Hans	I'll keep in touch too. Goodbye!

CD 트랙 목차

번호	단원	내용		페이지
1		저작권		
2	1과	말하기	대화1	21
3			대화2	23
4			대화3	25
5		읽기	본문	29
6		듣기	대화	178
7			괄호 채우기	34
8			듣고 따라하기	34
9	2과	말하기	대화1	41
10			대화2	43
11			대화3	44
12		읽기	본문	46
13		듣기	대화	178
14			괄호 채우기	50
15			듣고 따라하기	50
16	3과	말하기	대화1	58
17			대화2	59
18			대화3	60
19		읽기	본문	65
20		듣기	대화	178
21			괄호 채우기	69
22			듣고 따라하기	70
23	4과	말하기	대화1	77
24			대화2	79
25			대화3	80
26		읽기	본문	83
27		듣기	대화	179
28			괄호 채우기	87
29			듣고 따라하기	88
30	5과	말하기	대화1	95
31			대화2	96
32			대화3	97
33		읽기	본문	100
34		듣기	대화	179
35			괄호 채우기	106
36			듣고 따라하기	106
37	6과	말하기	대화1	112
38			대화2	113
39			대화3	114
40		읽기	본문	117
41		듣기	대화	180
42			괄호 채우기	122
43			듣고 따라하기	122
44	7과	말하기	대화1	128
45			대화2	129
46			대화3	130
47		읽기	본문	134
48		듣기	대화	180
49			괄호 채우기	139
50			듣고 따라하기	139
51	8과	말하기	대화1	147
52			대화2	148
53			대화3	149
54		읽기	본문	152
55		듣기	대화문	181
56			괄호 채우기	156
57			듣고 따라하기	156
58	9과	말하기	대화1	164
59			대화2	165
60			대화3	166
61		읽기	본문	169
62		듣기	대화	181
63			괄호 채우기	174
64			듣고 따라하기	174